職業としての官僚

嶋田博子
Hiroko Shimada Logie

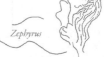

Eurus
Notus
Boreas
Zephyrus

岩波新書
1927

はじめに

「官僚」に関する情報

「官僚」というものは、意外かもしれないが、日本の法令上は存在しない。より正確に言えば、国立国会図書館法第15条に「官僚的偏見」という用例があるだけである。また、官僚制(bureaucracy)とは、中央官庁に限らず、企業や大学など大組織に共通する組織体系を指す概念である。とはいえ、一般に「官僚」と言えば、霞が関で勤務する国家公務員、それもある程度以上のポストで政策立案に携わっている人が自然に想起されるだろう。

そうした「官僚」に関する情報は溢れている。メディアは伝統的に、「国会議員と違って国民の審判を受けないのに出しゃばりすぎ」、「机上の勉強に長けていただけで一生安泰」という批判的な視点で取り上げてきた。仕事ぶりに関しても、地道な実態検証より先に、「前例踏襲」「省益優先・既得権死守」という切り口から論じられることが多い。

一方、近年は、中央官庁が「ブラック企業」であるという現役公務員からの発信やそれを受けた報道も急増している。「無制限のサービス残業を強いられ、責任だけ押し付けられる」「魅力とされてきた若い時期からの政策関与も失われている」など、悲鳴に近い声である。これに対抗して、各省のSNSや説明会などでは、「働き方改革を進めていて、以前とは全く違う」「他の仕事では味わえないスケールの大きな社会貢献ができる」といったポジティブな面を強調する発信も増えている。

官僚をめぐる情報は、このように量だけみれば多すぎるほどでもある。しかし、就活中の学生たちと話をすると、たまたま自分のアンテナに引っかかった断片的なピースを膨らませて全体像を描く傾向があることに気づく。

学生時代の筆者がまさにそれだった。仕事に対する的外れなイメージを作り上げてしまった最大の原因は、「法令や判決に書かれたことはその通りに実現している」という思い込みである。ただ、思い返せば、各省説明会やインターンなどの機会が豊富な今よりも情報量は圧倒的に少なかったとはいえ、当時もヒントはいくらでも身の回りにあった。猿払《さるふつ》事件判決(第1章1参照)を鵜呑みにして「官僚が政治に関わると違法ですよね」という私に、審議会経験の豊富な教授は「いや、官僚の仕事は政治そのものですよ」と教えて下さった。各省の女性採用実績など調べればすぐわかったはずなのに、国家公務員法の「全て国民は…平等に取り扱われ…性別…によって、差別されてはならない」「任用は…受験成績…に基いて、これを行う」という当時の条文を信じていた。アンテナを立てる場所がずれていると、どんなに有益な情報が目の前にあっても的確に受信することができず、あらぬ方向に推論を重ねてしまう。

とすれば、情報が溢れている現代であっても、官僚の仕事の大まかな「相場」を示す解説があれば、全体像を描く最初の手掛りとして役立つのではないかという気がする。いま自分が就活に入るならば、どんな職業であれ、外部からの評論や特定個人の成功談よりも全体の見取り図を手に入れたいと思うし、仕事の良い面と悪い面について、なぜそうなっているかという背景事情も含めて、業界内の本音を知りたい。見取り図がないままで細部に目を奪われると、尻尾を撫でて象の生態を想像するのと同じ失敗をするだろう。

一方で、官僚は、国民に選ばれた政治家の下で行政を担い、その給与は税金によって賄われる。就活側からすれば、生計の手段である以上は長期的損得が最重要かもしれないが、主権者・納税者の一人としては、官僚という職業を考えるのであれば、まず「何が期待されているのか」を知ってほしいと切に願う。公務員は一部ではなく全体の奉仕者であり（憲法第15条2項）、政治家の政策立案を補佐するとともに、現場で執行を担う。すべての人々のために尽くせる反面、多くの人々に負担や痛みを強いる役目も避けられない。主権者・納税者は、どんな資質を持つ人に官僚になってもらい、どんなふうに働いてほしいと思っているのか。官僚という職業には、こうした人々の思いに誠実に応える義務が付随することも認識しておいてほしい。

人事院という立ち位置——霞が関の裏方として

とはいえ、官僚という職業について書こうとした時、自分自身の体験は限られている。

筆者は1986年に採用され、2019年に母校の京都大学に転じるまでの33年間の国家公務員生活のうち、留学・出向を除いた25年間を人事院事務総局で過ごした。人事院は霞が関にある行政機関ではあるが、通常の府省庁とは違って非政治家3名で構成される独立行政委員会であり、その下に置かれた事務総局も600人程度の極小規模である。所掌分野はごく地味な人事行政で、主要府省の要職からもほど遠かった。一般には「官僚」と見なされないだろうし、内実を知る人たちは、「人事院なんかの出身者が、官僚とは何かを書くなんて」と失笑するに違いない。ただ、テレビドラマの『家政婦は見た!』(あるいはカズオ・イシグロの小説『日の名残り』)ではないが、表舞台で華々しい活躍をする官僚たちを間近で支える裏方仕事を通じ、特定省庁に偏《かたよ》らず、霞が関全体の働き方や力関係、日々の生々しい本音を見聞きする機会は少なくなかった。一歩引いた立場からの表舞台への案内役ならば、それなりに務めることができるようにも思う。

　こうした裏方仕事を、最初から志したわけではない。というより、そもそも官庁を志した理由もお粗末だった。大学卒業時はバブル初期で、同級生男性の多くが金融機関をはじめとする大企業に入る中、仲間内で優秀だと一目置かれていた一群は、「公益に貢献したいから官庁を選ぶ」と宣言していた。しかし、筆者が国家I種(現在の総合職)試験を受けたのは、彼らのように明確な目的意識があったためではなく、女性を戦力として採る企業はほとんどなかったことによる。入庁した1986年4月1日は男女雇用機会均等法の施行日、つまり、前年度に就活した我々は同法が適用されない最後の世代である。司法試験という途もあったが、4回生で最終合格までたどり着く例は少ない。世の中に役立つ仕事がしたいという漠然とした思いはあったが、自分の適性や何がやりたいかではなく、限られた選択肢からの消去法で考えるしかなかった。

　人事院に入ったのも、人事政策に関心があったからでも第三者機関の存在意義に共鳴したからでもなく、多くの省庁が女性を門前払いするか、「採用するかは幹部の胸先三寸」という特別ルールを設けていた時代に、あっさり内定を出してくれたという理由である。生計の手段と割り切るよう自分に言い聞かせて始まった職業生活だったが、幸運だったのは、最初の2年間、公務員への週休二日制導入を担当する部署に配属されたことである。内需拡大に向けた前川レポートが出て、公務が日本社会に土日休みを定着させる牽引力となることが期待されていた時代であり、より良い社会に向けた仕組みづくりという醍醐味が官庁にはあることを知った。採用試験分野の中で数的推理・判断推理が一番楽しかったことを思い出し、家を建てるように制度をかっちり組み立てていく作業が自分に向いていると、遅まきながら気づいたのもこの時である。

ただ、次に配属された部署では、創立40周年行事の一環でロゴマーク案や院内各課のキャッチフレーズを集める係となった。今思えば、人事院という異質な行政機関の成り立ちや役割を勉強すべき機会だったのだろうが、法学の知識は不要で、社会や国民生活への意義もよくわからなかった。主要省庁に入った同級生たちの方は、早くも最先端で活躍していてまぶしく見え、取り残されていく焦燥感に悩まされた。女性を採用する企業や省庁が増えた時期でもあり、社会貢献の手応えが感じられる仕事に再挑戦することばかり考えていた。

とはいえ、その後、入庁前から希望していた英国留学の機会を与えられ、課長補佐になって総務庁人事局で使用者側の立場を経験し、家庭も持ったことで、10年経った頃からようやく地味な職場で勤め上げる覚悟ができてきた。ほぼ時期を同じくして、大きな政治課題として浮上してきたのが公務員制度改革である。この改革は2014年に決着するまで20年近くを要し、その間、様々にベクトルも変わっていくが(第2章参照)、最初に表れたのは、各省人事への人事院の個別審査に対する撤廃要求である。前例踏襲的な傾向があった人事院に体質変革を迫る厳しい風が強まったが、大掛かりな制度設計に魅力を感じていた筆者には追い風でもあり、これ以降、任期付研究員制度の新設、不祥事の疑い段階での賞与・退職手当の差止め、被用者年金一元化に向けた退職給付比較など、長い連立方程式を満たす解を探るような政策に携わる機会が増えた。

2000年代初めの3年間は、外務省の在ジュネーブ日本政府代表部に出向し、当地に数十ある国際機関の日本人職員増強を担当して、開放型人事の内実を知った。人事の進むべき方向として日本でも称賛されていたジョブ型人事では、無限定の残業はなく、キャリアパスも自分で設計できる利点が確かにある。一方、人事には様々な裏駆け引きがあり、有力者に個人的にアピールする動きも絶えない。これと比べ、当時の霞が関には、配属された部署できっちり成果を出せば評価される風土があり、長期的には誰もがおおむね納得する人事が保たれるという日本型運用の利点も実感した。

公務員制度改革に関しては、2006年から公務員人事を政治的統制下に置こうとする方向が鮮明となり、政党政治の影響を遮断する役割を担っていた人事院は「旧勢力の象徴」として矢面に立たされた。民主主義体制下において、政策の優先順位を判断するのは政治であることに異論の余地はない。ただ、日々の政策の具体化作業の中で、事実に基づき政治家の耳に痛い直言をする有能な官僚が疎まれることがあってはならない。戦後、独立行政機関に人事行政の設計が託されたのは、各国の歴史の教訓も踏まえてのことである。

こうした説明をするために霞が関の外に出向く機会が増え、激しい罵詈を向けられることもあった。他府省であれば日常茶飯事であるこの経験を通じ、自分たちがいかに内向きの理屈にとらわれていたかを思い知るとともに、担当者がどれだけ社会正義に対する信念やバランス感覚を持っているか、どれだけ相手に届く言葉で語れるかが、意思決定までの局面で決定的な意味を持つことにも気づいた。

２０１４年、内閣人事局の創設によって公務員制度改革は一段落し、人事院の立ち位置についても理解を得た部分と変化した部分とがあった。今後、他国の状況や学術的知見も踏まえながら、この新たな仕組みを国民目線からみてより良いものとしていく責務が残されたと感じている。

枠組みに関する長い改革論争が決着した後は、少子高齢化に対応した国全体の働き方改革とも呼応する形で、公務員の定年引上げや育児介護支援などに携わり、人事政策を通じて社会設計に関与する充実感を覚えていた。京都大学からオファーがあったのはそのさなか、人材局審議官を務めていた2018年6月である。組織人は立場が上がるほど見渡せる範囲が広がると気づき、政策責任者として務め上げたい気持ちが強まっていたので、迷いは大きかった。一方、2015年度に立命館大学に出向した際に官僚の役割をめぐる論文を書き始めており、現場で試行錯誤しながら考え続けてきたことを論理立ててまとめることは、筆者にできる最大の公務貢献かもしれないとも思った。

オファーを受ける決意を固めた直後、国の障碍者法定雇用率の未達成という不祥事が発覚し、急遽、障碍者採用と定着支援に向けた取り組みを進めることになった。制度官庁プロジェクトチームに加わり、雇用率達成の道筋をつけたのが最後の仕事となった。

本書の目的と構成

こうした経験を踏まえ、本書は、官僚という職業をめぐる「実像」、「理念」、「達成の道筋」という3点を示すことを目的としている。霞が関で勤務する官僚について、職業の実態をできる限り現場の相場観に即して描くこと(be)、官僚とはどういう役割を担うべきか、どのような官僚が国民にとって必要かを考えること(should)、その理念に現状を近づけるにはどんな仕組みや行為が必要なのかを考察すること(how can)である。

前半は実像編である。第1章では、裏方からの長年の内部生態観察、いわば霞が関官僚のエスノグラフィーにより、仕事の相場観を伝える。ここでは官僚制の中から見えている風景を俯瞰したスケッチを目指し、現場で重視されている点を中心に描くこととした。細部の緻密さや網羅性にはこだわらず、項目間にもあえて濃淡をつけている。また、世間一般の官僚イメージの多くが改革前の運用から生じているため、昭和末期との対比も加えた。仕事内容の変化については、主要省庁幹部官僚からの聴き取りを中心に構成した。第2章では、1990年代から始まった公務員制度改革が何を目指して行われ、行政運営や官僚たちの行動にどのような効果をもたらしたかについて、時系列で変化を追っていく。

後半は理念とその達成編である。国民にとって望ましい21世紀の官僚像を考えるため、第3章では、英米独仏4か国における官僚の働き方の実態と変化を紹介し、それとの対比で日本の特徴と解決すべき課題を浮かび上がらせる。第4章では、マックス・ウェーバーから現在まで約100年間の官僚・官僚制をめぐる理論の中から、今後の官僚制の改善に向けた手がかりを探す。伝統的な官僚論では「政治への従属」「民間に倣った効率」が強調されることが多かったが、近年になって「その要求は達成可能か」「人々の側はどう関与するのか」などの掘り下げも生まれていることに注目し、生身の人間として官僚をとらえ直した上で、その仕事ぶりを理念に近づけるために必要な要素を考察する。

結びでは、幹部官僚たちが語るエピソードを紹介し、官僚という職業から得られる具体的な喜びや立ち向かわなければならない困難を示すことで、どのような気質を持つ人に官僚が向いているかを考える。

「官僚」という表現

マックス・ウェーバーの『職業としての政治』『職業としての学問』に倣うつもりならば、本書の題名は『職業としての行政』とすべきであろう。ただ、そうなると、総理や各省大臣といった政権を担う政治家や、行政実務の多くを担う地方公務員も含まれてきて、本書の対象よりも広くなる。英国では、国の「仕事」とそれに従事する「人々」(政治家を除く)の双方を指す'the civil service'という便利な言葉があるので、「職業としての Civil Service」としたいところだが、適切な和訳が見当たらない。「行政官」という言葉もあるが、世間では耳慣れないだろう。このため、ネガティブな含意があることは承知の上で、対象者を一般に想起しやすい「官僚」の語を使うこととした。

ただ、冒頭にも述べたように、「官僚」には法令上の根拠がなく、「官僚」自身も、気負いのある若手はさておき、自らをこの名称で呼ぶことはほとんどない。普通は「役人」、改まった場なら「行政官」だろう。このため、本文中では、いわゆる官僚を指す場合であっても、文脈に応じて、「(国家)公務員」、政治任用者等と区別するための「職業公務員」、国家公務員法・給与法などの法令上の呼び方である「職員」、政策立案に従事する場合や自称における「行政官」という表記をあえて混在させている。意図的な表記の使い分けであることをあらかじめお断りしておく。

なお、官僚制論の嚆矢《こうし》でもあるウェーバーは、政治と学問それぞれを天職とする人間について熱く語っているが、官僚に関しては、「憤りも偏見もなく」職務を遂行すべしと諭すにとどまっている。本書の結びでは、おこがましいと言われるのを承知で、「官僚を天職とする人間とは」「彼らを導く内なる力(デーモン)とは」という未完の問いに答えることを試みたい。

最後に繰り返すが、本書は、官僚像をつかむ受信アンテナを向ける先として、不純さや矛盾を多々含んだ生《なま》の現実を丸ごと伝えることに最大の力点がある。よって、官僚の倫理論でも、特定の官僚による回顧録でも、公務員に採用されるテクニックを伝えるガイドでもなく、ましてや官僚制をめぐる学術史でもない。「官僚はいまどうあるのか」「官僚はどうあるべきか」「どうすれば両者が一致するか」という問いに対し、長年の観察と研究とを通じて、裏方なりの誠実な回答を試みたものである。

中央官庁の仕事に人生を賭ける意義があるのか真剣に考えている人々に、大まかな見取り図を渡すこと。その任にふさわしい資質がある者が官庁で活躍するのを応援したいと望む人々に、支援のためのツールを託すこと。そして、官僚という職業を選んだ人々が、天職を見出して幸せな人生だったと納得できること。それが本書に込めた願いである。

目　次

第1章　日本の官僚の実像

――どこが昭和末期から変化したのか

1　職業の外面的事情

マックス・ウェーバーは、『職業としての学問』の講演を「われわれ経済学者に共通のペダンチックな習慣なのだが、われわれはいつも物事の外面的事情から出発する。つまり、ここでいえば、経済的意味の職業、つまり生計の資を得る道としての学問はいまいかなる状態にあるか、という問いから出発する」と始めている(ウェーバー 1936: 9)。筆者は経済学者ではなく、ペダンチックな習慣とも縁がなかったが、本書もウェーバーに倣って、まず「経済的意味の職業」として、官僚の仕事の「外面的事情」、すなわち国家公務員制度とその運用の描写から始めることとしたい。

あらゆる制度運用を考える上で、歴史的経路への意識は不可欠だが、とりわけ日本の官僚の仕事に関しては、現在の枠組みや運用をスナップショットで切り取るだけでは多くの重要点が見落とされてしまう。また、この20年余りの変化は過去に例をみない規模であるにもかかわらず、官僚に対するイメージは驚くほど変わっていない。「キャリア官僚の大半は東大か京大卒」「同期は本省課長まで一斉昇進」「退職後も面倒をみてもらえる」という類である。資料を示して丁寧に説明しても、「当事者から直接聞いた話だから」と、なかなか信じてもらえない。長年の運用がそれほど強烈な残像として焼き付いている実態を考えれば、どこがどう変わったのかという対比も示す必要があろう。

筆者が国家公務員として勤務を始めた1986年は、国内外の諸システムが根底から変わり始める直前に当たる。中曽根政権下で行革が進められ、プラザ合意で急激な円高が進み、バブル経済が始まっていた。前年の1985年には、採用試験・給与体系の再編や休暇制度の根拠づけ、共済年金など各分野で法的整備が行われ、戦後の公務員制度上の宿題がとりあえず片付いた節目でもあった。このため、本章では、2021年時点の公務員制度の運用を現場感覚に沿って描いた後、1986年を振り返り、どのあたりが変わったのかをみてみたい。

①採用

国家公務員には特別職と一般職の2種類があるが（図1―1）、国家公務員法（以下、「国公法」）の適用対象になるのは一般職である。採用試験の種類の名称として、総合職（院卒、大卒）、一般

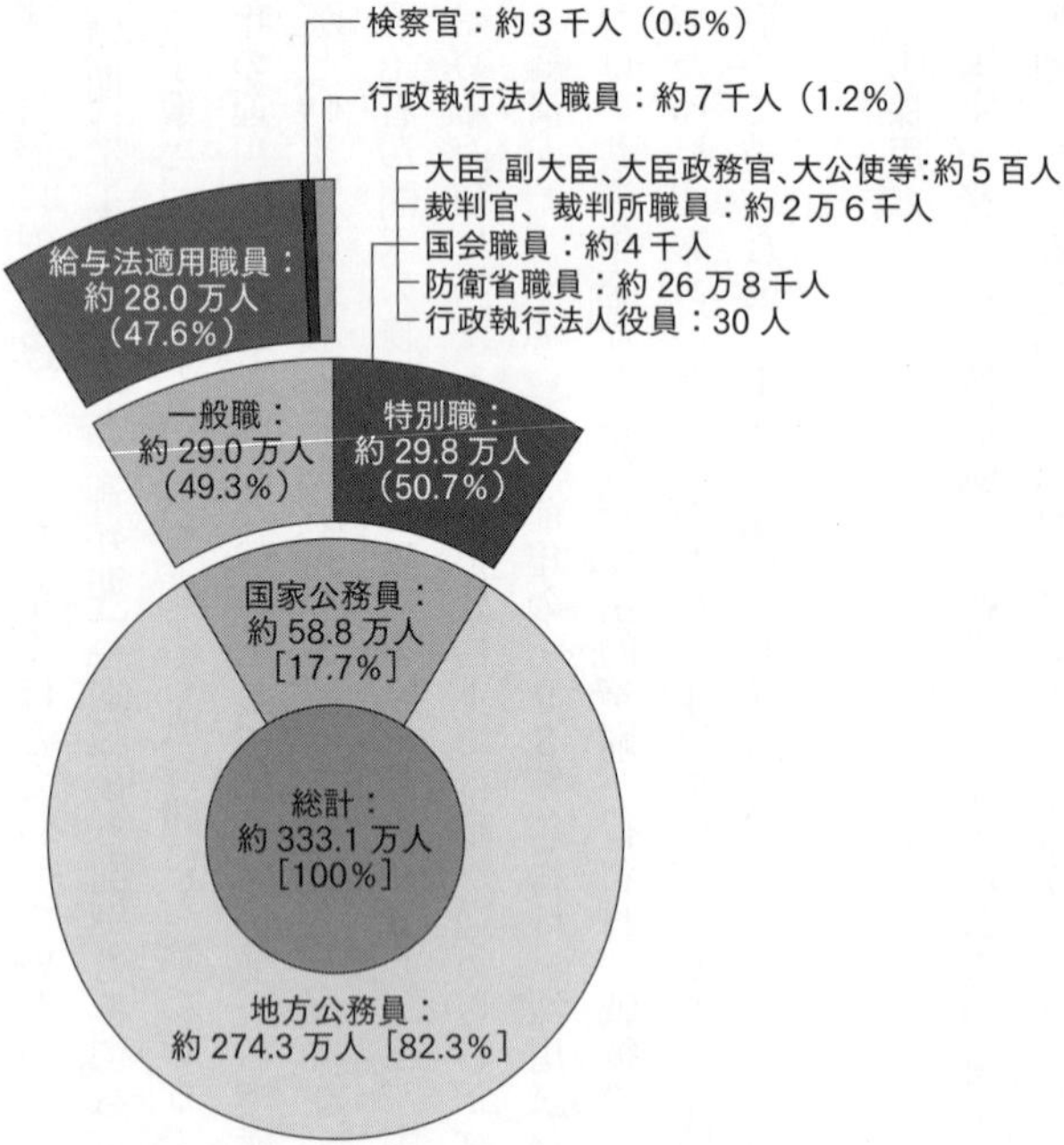

図 1-1　公務員の数（2021 年度）
出典：令和３年度国家公務員プロフィール（人事院）

職（大卒、高卒）、専門職、経験者採用などがあるせいで、若手にはよく誤解されているが、総合職試験採用（防衛省を除く）でも専門職試験採用でも、国公法で言う「一般職」に属する（図1―2）。要するに、「特別職」に対比される時の「一般職」と、採用試験の名称の一つである「一般職（試験）」とでは意味が異なる。また、給与体系が異なる医療職や公安職、幹部である指定職などは、「一般職員」

ではないかもしれないが、同じく「一般職」である。

採用試験の申込者数は、従来から好景気時には減り、就職氷河期やリーマン・ショック後など景気後退期には増加する傾向がある。ただ、1990年代半ばを境に、傾向として見れば申込者数は逓減が続き、総合職では2018年度から最低記録を更新し続けている。これ自体は、

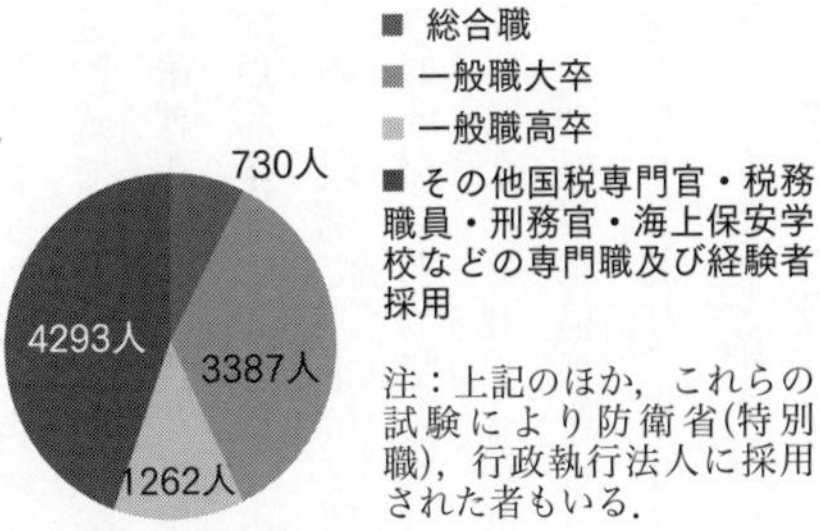

注：上記のほか，これらの試験により防衛省(特別職)，行政執行法人に採用された者もいる．

図 1-2　2020 年度競争試験から一般職への採用(内定)者数(2021 年 1 月 31 日現在)
出典：令和 3 年度国家公務員プロフィール(人事院)を基に筆者作成

20代前半の若者の数が減っていることの反映とも言えるが、同時に、これまで幹部官僚を輩出してきた大学の公務員離れが目立ち、2021年度は東京大学からの合格者割合が17・6%(後述する事務系に限れば19・7%)にとどまっている。続く京都大学は6・9%、早稲田大学は4・8%で、この順番自体は前身のI種試験時代から不動だが、特定大学の圧倒的なシェアが消えた結果、総合職の出身大学は多様化し、一般職(大卒)合格者層との違いは不鮮明になっている。一方、東京大学などの出身者が一般職試験で採用されることも珍しくなくなっている。

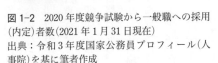

総合職試験の場合、一次試験は基礎能力試験（いわゆる一般教養）と専門試験で、いずれも多肢選択式である。二次試験は記述式の専門試験、人物試験、政策課題論文だが、院卒については政策課題論文に代えて集団討議が課される。一次試験と二次試験の比率は1対2、人物試験の配点が全体の3／15を占めるので、暗記力や学力だけでは切り抜けられない。人物試験はA〜Eの5段階で、上位2段階なら加点、Dであれば減点、最下位のEであれば筆記科目でどれだけ好成績であっても不合格となる。試験区分は大学での専門等に応じて様々なものが用意されているが、２０１２年度から総合職試験に移行した際、区分の一つとして、専門試験の代わりに企画提案試験が課せられる「教養」が新設された。この教養区分は学部3年の秋から受験可能となっており、２０２１年度の合格者数が２００人を超えて、各府省側の採用意欲も高い。近年の試験区分別の採用内訳は図1―3のとおりである。このうち、行政、政治国際、法律、経済、教養、法務の各区分で採用された者が「事務系」、それ以外が「技術系」と称されることが多い。

総合職試験では、合格者総数が採用予定数の約3倍なので、最終合格しても採用されない確率の方が高いという特色がある。合格発表後の6月末に、複数の希望府省に官庁訪問することが必須で、各府省での面接を1週間以上繰り返して内々定が決まる。裏返せば、最終合格とい

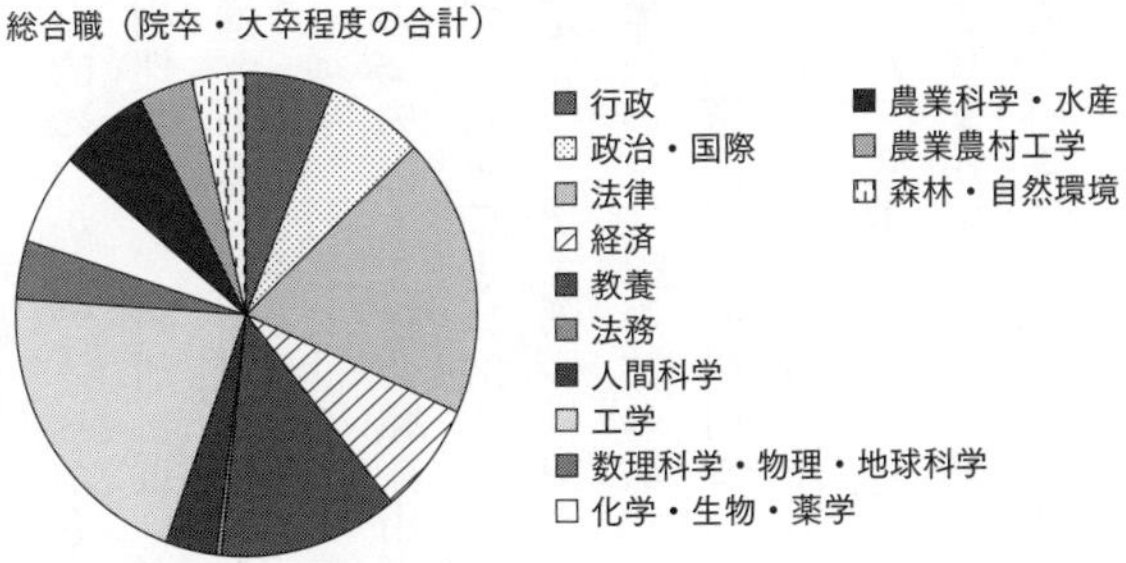

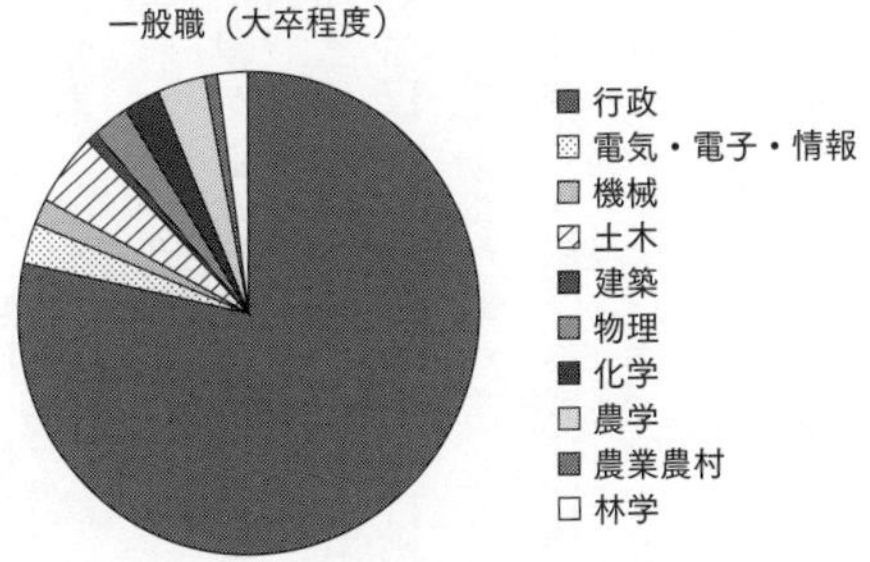

図 1-3　2020 年度試験からの区分別採用内訳(2021 年 4 月 1 日現在)
注：いずれも特別職(防衛省)への採用数を含む.
出典：人事院 HP を基に筆者作成

うのは、各省面接を受ける資格を得るに過ぎない。主要省庁幹部インタビュー(本章 3 参照)からもうかがえるように、席次上位から順に採用するわけではなく、対人能力がここで徹底的にチェックされる。その府省の仕事の大枠や方向性を的確につかんでいるか、相手の意図を瞬時に理解して的確に返せる能力があるか、ストレスに強いか、様々な立場の人々とうまくチームが組めるかなどがみられる。

インターン経験や各種説明会などを通じて官庁の仕事の意義や地方自治体・企業との異同を感覚的につかんでいるかも重要な要素となる。決め手は「省の担う価値が共有できるか」という相性であり、婚活に近いとも言われる。合格すれば3年間有効なので、内定が出なかった場合、進学あるいは留年して、翌年・翌々年にまた官庁訪問する例も多い。

なお、性別による偏りの是正に向けて、第5次男女共同参画計画では毎年度の全試験採用者の35％以上、総合職採用者の35％以上を女性とする目標を掲げており、2021年度の採用者でみると前者は37・0％、後者は34・1％だった(内閣人事局資料)。また、民間役員に相当する指定職(次の②を参照)については、2025年度末までに達成すべき目標値は8％とされているが、過去の女性採用数の反映で、2021年7月末では4・2％にとどまっている(前掲)。

国家公務員の採用には通常の競争試験のほか、選考採用というルートもあるが、これも成績主義による「試験」採用の一種であり、医師免許を持つ医系技官の採用がその典型例である。また、政策的に、特定の対象層に絞った選考採用を競争試験に近い形態で行うこともあり、2018年度と19年度は障害者選考試験、2020年度と21年度は就職氷河期世代に対する中途採用者選考試験がそれぞれ行われている。

【1986年度】

1985年、大学進学率の向上に伴い、それまで上級甲・上級乙(いずれも大卒程度)、中級(短大卒程度)、初級(高卒程度)とされていた試験がⅠ種、Ⅱ種、Ⅲ種採用試験に再編された。1986年度入省者はその一期生である。Ⅱ種試験は、上級乙・中級を統合して大卒程度の新たな試験としたものだが、Ⅰ種については試験の性格や内容は上級甲をそのまま引き継いだものとなった。人物試験による加点や減点はなかったため、席次は筆記試験のみで決まる仕組みで、法律区分では司法試験とのダブル合格組も珍しくなかった。外務省については外務Ⅰ種という別枠で試験が行われていた(Ⅰ種への統合は2001年)。

Ⅰ種合格者に占める東京大学出身者の割合は32・7%(京都大学が13・2%)、事務次官・局長の多くが属する事務系(当時は行政、法律、経済の3区分)に限れば、東大出身者は約56%で、採用段階になるとさらにその比率は高まった。長年の特定大学への偏りは国会でも何度か取り上げられ、その後の宮澤内閣下の1992年、Ⅰ種事務系の採用時には特定大学(東大を指す)出身者割合を5割以内に抑えるよう各省申合せが行われている。

スケジュールは今より遅く、最終合格発表は10月1日。官庁訪問は、表向きはこの合格発表日から解禁とされていたが、実際には二次試験が終わった直後の8月初旬から行われ、深夜まで拘束しては省庁間で引き抜き合いをするという実力行使がまかり通っていた。内々定は得たのに二次試験で不合格という学生も多く、各省からみれば、高く評価した人材を筆記試験の席次ごときでみすみす逃した悔いが残る。採用省庁側が堂々とルールを破るこの慣行は、建前と本音の乖離《かいり》を学ぶ人生初の機会となる。とはいえ、ルール通り最終合格後に官庁訪問し、熱意が認められて枠外で採用された者もいなかったわけではなく、1960年に厚生省に入省、のちに官僚トップとして内閣官房副長官を長く務めた古川貞二郎氏がその例である。

男女雇用機会均等法施行前で、民間企業では男性のみの募集が許されていた。国公法では性別も含めて平等原則が明示されていたが、「転勤がある」「出張が多い」「男性の部下は指示に従わない」などを挙げて、女性を門前払いする省庁も多かった。官庁訪問の終盤になって、「幹部に「昨年は女性を採ったから、今年は勘弁してもらって」と言われた」と、寄附のお断りのような理由を告げた省もある。I種事務系（外務I種含む）300名余りの採用者中、女性は9名だった。

②昇進と人事評価

国公法第33条には成績主義が掲げられ、情実を排除した能力実証に基づく人事管理、すなわちメリットシステムが制度を貫く基本原則とされる。この原則は採用だけでなく昇進にも適用されるため、上級甲・Ⅰ種試験合格者を最初から幹部候補として別扱いする運用（いわゆるキャリア・システム）は成績主義に抵触するのではないかという批判が長年あった。このため、2007年の国公法改正で、第33条に重ねる形で、「職員の採用後の任用、給与その他の人事管理は…合格した採用試験の種類…にとらわれてはならず…人事評価に基づいて適切に行われなければならない」（第27条の2）という念押しが追加された。

さらに、2012年度からはⅠ種、Ⅱ種などの採用試験をそれぞれ総合職、一般職（大卒）等に再編するとともに、管理職や幹部に向けた育成は試験区分ではなく採用後の勤務ぶりをみて行えるよう、2014年度から幹部候補育成課程という仕組みも導入されている。2019年度の場合、各省の幹部候補育成課程所属者のうち299人（31％）がⅠ種・総合職採用者以外から選定されており（内閣人事局資料）、本省課長級以上のポストへのⅠ種以外からの登用数も280人となっている。指定職である審議官級以上となると数は少ないが、例えば文科省では、初級（Ⅲ種）試験採用の丸山洋司氏が2019年に初等中等教育局長、2020年に文部科学審議官に登用されている（「審議官」は通常は局次長級だが、省名を冠すると事務次官級）。

Ⅰ種・総合職採用者の間では、かつてのような同期横並び昇進は崩れ、多くの府省で課長級への到達時期には同期間で数年の差が出ており、課長補佐段階から差がつく府省もある。また、２００８年度から管理職ではなく、「××情報分析官」など、特定分野の専門家として調査分析などに当たる専門スタッフ職が新設され、こちらに転ずる者も２０２１年７月時点で２１０名となっている。ただ、管理業務を行わない分、同格ポストでも給与が２割以上下がる場合があり、適性があっても多くの者が希望する状況とはなっていない。

総合職で幹部候補育成課程に所属する場合、若手の間は横断的なローテーションで幅広い業務を経験させる。本人から希望申告書を出させるものの、配置の基本は人事当局一任で、上司である課長も直接の発言権を持たないことが多い。ただ、一部省庁では、若手についてはある程度本人の志向に沿って、専門分野を持たせる試みも始まっている。

総合職採用者については、所属府省を特定しない一括採用への転換を求める声も一部に根強いが、行政需要が高度化・複雑化した現在、すべての政策分野への対応を想定した育成は現実的とは言えず、各省別採用が維持されている。一方で、××省職員というだけではなく、「国家公務員」としての自覚や一体感を持つよう、様々な合同研修の機会が設けられており、一年目には入省直後の数日間の合同研修に加え、数週間にわたって公務員研修所（埼玉県入間市）や地方現場、介護施設などで実地体験をする初任行政研修が必須である。各省間や内閣官房等との人事交流も活発で、管理職になるまでに複数回の他府省出向経験を持たせる方針が定着している。このほか、地方出先機関への転勤もあるが、この頻度は府省によって差が大きく、会計検査院のように地方機関自体がない省庁もあれば、国交省のように出先機関の比重が大きい省もある。

また、若手育成の一環である海外大学院への留学（長期在外研究員）は122人（2020年度）で、同時に2か国でダブル学位を取ったり、博士号まで取ったりする者もいる。留学後5年以内に退職すると、要した費用を償還する義務がある。各府省職員が世界各国の大使館・日本政府代表部等にアタッシェ（特定の専門分野を持つ外交官）として派遣される機会も多いほか、国連など国際機関に国際公務員として派遣される（第3章コラム1）こともある。民間企業の効率性や機動性を学ぶため、官民交流制度も2000年から実施されている。ただ、勤務部署と利害関係のある企業には派遣できないこと、人員の余裕がないこともあって、送り出し過少のアンバランスとなっている（2019年度までの累計で受入れ2277人、送り出し666人）。

昇進や配置は2007年の国公法改正で導入された人事評価に基づいて判断される。職務上発揮した能力に基づく能力評価が年1回、目標管理に近い業績評価が年2回行われ、双方とも5段階評価が基本である。人事評価の結果は年2回、評価者である上司（基本は課長）との面談でフィードバックされ、次の半期の目標も面談で合意される。多くの府省で、働きぶりによって職員間の差が明確になる運用が定着し、上位評価を取り続ける者とそうでない者との間で処遇に大きな差がつくようになって、日の当たらない補助部門への配置の不満も出ている。一方で、職員間に差をつけて通告する負担を忌避して上位を乱発する府省も一部残っており、2022年度からは、職員の能力や実績をきめ細かく把握し反映することを目的に、6段階評価への移行などが行われることになった。

幹部級への昇進に関しては、2014年5月以降、事務次官、局長、局次長・審議官級という上位三職位(民間企業の役員相当で、適用される給与体系の名を取って「指定職」と呼ばれる)の人事が内閣人事局に一元管理され(一部除外あり。第2章3参照)、総理・内閣官房長官との事前協議を要するようになった。原案作成は各省であるが、内閣官房長官らの指示で別の者に差し替えられたことがしばしば話題となる。また、この改正により、民間など外部からの幹部登用も増えると期待されたが、労働市場全体の流動性が低いことや給与水準差もあり、室伏広治スポーツ庁長官、都倉俊一文化庁長官(いずれも任期付き)など、一部に限られている。ただ、これら外部からの採用の場合も、いわゆる政治任用ではなく、あくまでも成績主義の適用を受ける一般職のポストなので、情実を避けるために「人事行政に関し高度の知見又は豊富な経験を有し、客観的かつ中立公正な判断をすることができる者」の意見を聴くこととされ（幹部職員の任用等に関する政令第３条３項）、人事官３名のうち１名がこの任に当たっている。

【１９８６年度】

法律上の人事権は大臣にあるが、各省の人事を決めるのは官僚自治に委ねられていた。採用試験ごとに典型的なキャリアパスが定まっており、上級職で採用されれば、３年程度で係長、6～7年で課長補佐となり、その後も病気や不祥事など特別の理由がない限り、同期がほぼ同じ20年目前後に本省課長に昇進し、大半が指定職まで到達した。一方、同格ポストの間でも花形とそうでないものとがあり、誰が将来を嘱望されているのかは次第に明らかとなる。全員に挽回のチャンスがあると期待させることで献身を確保しつつ、徐々に身の丈をわきまえさせるという長期選抜の仕組みだった。

事務次官を頂点とするピラミッドの中でどこまで達するかは、短期的なパフォーマンスではなく、有力ＯＢの意向を含む長年の組織内での評判で決まっていった。次章でみる調整型官僚（政治的官僚）の時代であり、有力な族議員や関係団体の信頼を得ていることも事務次官や局長に登用される際の決め手であった。

こうした長年の評判重視は、ライバルを蹴落とすのでなく、互いに協力して組織全体に貢献する行動を促す長所があった。一方で、仲間内の評判が重視されるため、有力な先輩の顔をつぶさぬよう過去の政策の無謬性が前提とされがちになること、その時々の行政需要に応じた機動的配置よりも前例踏襲型の人事となりやすいなどの副作用もあった。なお、中級・初級職採用者の最終ポストは課長補佐級が多数だったが、本省課長級への登用も少数ながら用意されていた。

評点を付ける人事評価は存在せず、勤務評定はあったものの、課長が「明朗」「社交的」などと情緒的な記述を書き込むだけで、結果のフィードバックや面談もなかった。職員団体(組合)は管理者が行う勤務評定制度に反発し、地方現場などでは激しい反対闘争もあった。人事当局側にも、「営業など利益が出る民間とは違って、公務には客観的な評価基準が存在しない」という考え方が一般的だった。

長期在外留学への派遣総数は29名(1986年度)、国際機関への派遣は360人(1986年度末)にとどまっていたが、国際対応が必須である経済官庁などでは省独自の留学制度も用意されていた。任期付任用や官民交流、経験者採用などはなく、学校を卒業してそのまま官庁に勤める者で構成される同質性の高い組織だった。

③公務員の種類と数

①で述べたように、特別職とは、国家公務員でありながら国公法が適用されない者を総称するが、数でみると一般職29万人に対し、特別職は29万8千人（2021年度末予算定員）なので、例外の方が多くなっている（図1―1）。

特別職に該当する者は多種にわたるが、ごく大ざっぱに分類すると、(ア)総理大臣、大臣など行政府内の政治家、(イ)政治家ではない独立行政組織のトップ、(ウ)大臣秘書官など(ア)と密接な関係を持って勤務する行政府職員、(エ)大使など在外公館トップ、(オ)国会議員や国会職員など立法府に属する者、(カ)裁判官や裁判所職員など司法府に属する者、(キ)服務の特殊性がある防衛省職員、(ク)その他特別な扱いを要する者（宮内庁侍従など）である。(イ)には3名の合議体である会計検査院の検査官や人事院の人事官などが該当し、会計検査院長と人事院総裁は大臣、その他の検査官と人事官は大臣政務官と同じ格付けとされる。国会、裁判所、防衛省で勤務する職員には、国公法に倣った個別の法律がそれぞれ適用されて成績主義や平等原則がかかるが、それ以外の特別職はこうした原則の適用外である。

近年、強化が図られて脚光を浴びることが増えたのが(ウ)である。総理秘書官、内閣官房長官秘書官、総理補佐官などのほか、内閣官房副長官（3名のうち政務担当の2名は政治家だが、事務担当の1名は官僚OB）、国家安全保障局長、内閣官房副長官補、内閣情報官、内閣広報官などがここに該当する特別職で、「官邸官僚」と称される。このほか、内閣官房では副長官補などの下に多くの官僚が各省から一般職のままで派遣されている。一般職であれ特別職であれ、官邸や内閣官房には、将来が嘱望される優秀な者を各省人事当局が選んで出向させる傾向がある。

なお、大使や公使は特別職だが、それ以外の外交官や外務省職員は一般職（外務公務員法が適用されても国公法の適用除外となるわけではない）、宮内庁長官や侍従長、女官長などは特別職だが、通常の宮内庁職員は一般職であるなど、同じ職場内でも線引きは入り組んでおり、外形的にはわかりにくい。一般職から特別職になる、あるいはその逆の場合は、同じ国家公務員の間であってもいったん退職して新規採用される扱いとなる。

一般職の数の上限は総定員法で定められ、定員合理化計画によって年々削減が図られているが、後にみるように、国民の多様な要求に応えるために業務は増える傾向にあり、その穴埋めは、定員にカウントされない非常勤職員で行うのが実情である。例えば、厚労省では非正規職員の数が正規職員を上回っており、同省所管のハローワークの窓口で勤務する職員の多くもこうした非正規職員である。非常勤には、常勤職員よりも勤務時間が短いパートタイム職員と、会計年度内（一年以内）で雇用される期間業務職員（フルタイムとそれ未満とに分かれる）の２種類があり、２０２１年７月時点の非常勤職員総数は15万９２５７人（うち委員・顧問等が２万２２９８人、保護司・職業相談員等が８万４５４８人）、フルタイムの期間業務職員に限れば１万２５００人が在籍している（内閣人事局資料）。

非常勤にも原則として国公法が適用され、成績主義原則の下にあるが、競争試験ではなくハローワークを通じた公募と各省面接で選考採用する方式が基本となっている。期間業務職員については、事実上の常勤化を防ぐため再採用は原則２回まで、すなわち３年以内で雇止めがある。常勤職員と同様の戦力となっていても、非常勤職員の給与は人件費ではなく物品購入費扱いとなり、給与や休暇なども常勤職員とは異なる規定が適用されるなど明らかな格差があるため、民間企業と同様、非正規問題として取り上げられることが増えている。

【1986年度】

1986年7月時点の一般職は約85万人、特別職は約33万人で、のちに法人化される国立大学・附属学校の教職員、国立病院の医師・看護師などの職員が一般職の14％近くを占めていた。また、給与に関する特例法が適用され、人事院勧告ではなく団体交渉で勤務条件が決められる現業職員も34万人(一般職の40%)いたが、このカテゴリーはその後の民営化(郵政)、行政執行法人化(印刷・造幣)、人事院勧告の適用対象化(林野)のいずれかによって消滅した。

今でいう「官邸官僚」は、藤森昭一内閣官房副長官(厚生省出身)、総理秘書官など少数にとどまっていたが、内閣機能強化の必要が謳われ始め、1986年から内閣審議室(1957年創設)が内政審議室、外政審議室の2室体制となった。

非常勤職員(当時、パートタイム以外は「日々雇用」扱い)総数のデータは見当たらないが、常勤とは明らかに職種や責任の面が違う補助的業務が中心だった。採用は公募を経ない口コミで、本省で勤務する非常勤職員は結婚を機に退職する若い女性が多かった。当時の残像が、近年になっても、「非正規は本人による人生選択」という一部年配者の根強い思い込みにつながっている。

④給与と労働基本権

国家公務員にも団結権はある(海上保安官、刑務官など一部職種を除く)が、協約締結や争議行為(スト)は禁止されている。労働基本権を保障する憲法第28条の下、権利を制約するには代償措置が必要となるため、給与・休暇などの勤務条件の決定に当たっては、労使から中立の第三者機関である人事院が勧告を行う制度が設けられている。行政機関の勧告でありながら、内閣だけでなく法案を審議する国会にも同時に直接提出するのが他にはない特徴である。民主党政権下の２０１１年には、争議権を除く労働基本権を公務員に付与して人事院を廃止する法案が国会に提出されたが、廃案となった（第２章３参照）。

国公法第28条は（憲法と同じ「28条」なのは偶然）、給与など勤務条件に関する基礎事項は、国会により「社会一般の情勢に適応するように、随時これを変更することができる」とした上で、「その変更に関しては、人事院においてこれを勧告することを怠ってはならない」と規定する。国会に人事院勧告通りの変更を義務づける規定ではないが、勧告を無視すれば憲法上保障された労働基本権の代償が機能していない状態となるため、通常は人事院が準備した原案に沿って内閣が国会に法案を提出する。ただ、２０１１年3月の東日本大震災後は、「未曽有の災害に対応する」という政治的判断で、人事院の勧告は平均０・２３％の給与引下げであったにもかかわらず、平均7・8％（本省課長級以上は10％）引き下げた額で支給するという大幅な特例が2年間にわたって実施された（第2章3参照）。

勧告の基準となる「社会一般の情勢」は、様々に解釈できる余地もあるが、労使交渉に代わる措置という性格に鑑みて民間企業との均衡が基本とされており、２００６年以降は従業員数

50人以上の規模の企業が比較対象となっている。官民とも非正規職員は比較から除かれる。どのような企業との比較が適当かについては常に論争となっており、「調査対象となる規模の事業所は日本の全事業所の1％未満なので、より小規模の企業も含めて比べるべき」、逆に「大卒以上で新規採用された職員が別途内定を得た企業をみると、6割以上が企業規模1000人以上の企業なので、いわゆる同級生相場に合わせるべき」など、双方の立場からの批判が絶えない。

この官民比較は、同種同等の仕事をしている者同士の比較、すなわち「もしこの者が民間企業に在籍していたならばいくらの給与を受けるか」を一人ずつ全員積み上げて現状の公務員給与総額と比較する方式（ラスパイレス比較）で行われているため、民間企業の単純平均額とはかなりの差が生じ得る。この数値が公務より高ければ引上げ、低ければ引下げの勧告が例年8月に提出される。

なお、官民比較によって決まるのは全体の総額であり、それを公務員間でどう配分するかは人事院の政策判断となる。例えば、国家公務員の任地は民間にはない離島など著しく不便な地域もあり、こうした地域に勤務する者には手当が支給されるが、その手当分は官民均衡の総額の枠内で、公務員全体の財布から拠出する。また、国会対応や法令作成など負荷が強い本省勤務の場合には本府省業務調整手当も支給されるが、これも公務員全体の枠からの捻出である。総額の官民均衡だけでなく、こうした公務内の配分についても、近年は世論の納得が要求されることが増えている。２００６年から実施された給与構造改革、さらに２０１５年からの総合的見直しはそうした対応の一例で、本給の全体水準を切り下げた上で、民間賃金の高い地域に勤務する職員にはそれに見合う地域手当（現在、東京23区が最高割合の20％）を支給する形とするもので、まったく同じ仕事をしていても勤務地が違うだけで給与差が拡大した。また、２００６年の構造改革では、勤務年数によって上がる給与カーブの傾きを小さくし、中高年齢層の給与を抑えることで若手への配分を厚くする見直しも行われた。

２０２１年度の総合職採用者の初任給月額は、本省配属の場合23万２８４０円（通勤手当や住居手当は別途）、院卒試験で採用された者は26万４４００円である。２０２１年４月のモデル給与（概数）でみると、各省の官僚トップである事務次官で月１４１万（年収２３３７万）円、局長級で１０７万（同１７８０万）円、本省課長級（50歳）74万９千（同１２６６万）円、本省課長補佐（35歳）43万５千（同７２２万）円となっている。

また、２００６年の給与構造改革では、職員の働きぶりによってより明確な給与差をつけるための枠組みも作られ、人事評価の結果が年１回の昇給や年２回の勤勉手当（ボーナス内の査定部分)に反映される。この改正時に、評価差が反映しやすいように昇給幅を4分の1に細分化した(平均的成績であれば4号俸昇給するが、評価がそれより上位なら6号俸または8号俸以上、下位ならば0または2号俸)ため、俸給表の長さもほぼ4倍となった。一部府省では、本人に開示する評価では多数の職員に上位の評語を出す運用が残っているが、上位の昇給やボーナスに対しては給与制度上の枠がはめられているため、この段階で職員間の相対で差をつけることが避けられない。これも官民比較の総額枠内での調整であり、上位者の分が民間より突出するわけではない。病気休暇が多いなど勤務成績不良の場合には、標準額よりも下がる。

なお、社宅に相当する官舎に関しては、2009年から5000戸近くが削減され、従来は格安だった賃料も歳出に見合う水準まで引き上げられている。一方、危機などの緊急時に即応できるよう職場近隣に住むことが義務づけられる者には無料官舎がある。

【1986年度】

組合加入率が9割を超えていた農水省や郵政省をはじめ、職員団体(組合)への加入率は現在よりもはるかに高かった。一方、民間企業では年5000件近くのストがあり(1985年労働争議調査統計)、争議を禁じられている公務との違いが際だっていた。1982年には財政再建のため人事院の給与引上げ勧告が政府判断によって凍結され、83年、84年も勧告よりも低い率での引上げとなっていた(1985年からは勧告通り)。この凍結に反対して数時間のストを行った全農林労働組合は、指導した組合幹部が停職処分を受けたのは違法として提訴するが、東京高裁は「昭和57年当時の国の財政は…未曽有の危機的な状況にあったため、やむを得ない極めて異例の措置として…不実施を決定したのであって、これをもって違法不当なものとすることはできず、…昭和57年度に限って行われた人事院勧告の不実施をもって直ちに…代償措置が画餅に等しいとみられる事態が生じたということはできない」として原告の控訴を棄却し、最高裁もこの判断を支持している(人勧凍結反対闘争事件・最高裁平12・3・17判決)。

給与の官民比較の基本は現在と同じ、ただし比較対象は従業員数100人以上の企業だった。年配者に手厚くなるよう年功的要素の高い大きい給与カーブとなっており、バブル期だったこともあって、若手は企業に入った同級生との差を痛感した(自分たちが中堅層に達した20年後には給与が切り下げられ、その分が若手に回されることになる)。組合員の多い地方現場の声が重視され、昇進しなくとも勤続年数を重ねることで給与が上がり続ける運用だったため、若手管理職よりもベテラン係長の給与の方が高いことも珍しくなかった。また、当時から職務給原則はあったものの、生計費が重視されて専業主婦と子供のいる家庭に手厚く配分されていた。

法令上の昇給は勤務成績に応じる建前だったが、「みんなが同じ扱いを受けること」が公平だと考えられていたため、年1回、ほぼ全員が1号俸分の昇給を受けており、「定期昇給」と俗称されていた。成績が良い者に対する特別昇給という制度があったが、人事評価がなかったため、職員の間で順番に持ち回りが行われ、本来は成績上位者に適用されるはずの勤勉手当の枠も同様だった。東京勤務などの場合の調整手当(のちの地域手当)は最大10%(1993年から特別区は12%)にとどまっており、本府省業務調整手当も単身赴任手当も存在しなかった。地方出先機関に転勤すれば、そこでの調整手当(通常はゼロ)が適用されるが、3年間は異動保障があったために、本省と頻繁に行き来する場合には手当が下がることはなかった。この仕組みには、当局が転勤を命じやすい利点があった。

都心近くには格安で提供される世帯用宿舎や男子独身寮があり、老朽化しているものが多かったとはいえ、福利厚生として生活費節約につながっていた面もある。

⑤勤務時間とワーク・ライフ・バランス

所定内勤務時間は週38時間45分(一日7時間45分)で、航空管制官や海上保安官、刑務官など24時間交代制勤務の場合には平均でこの時間数となるようローテーションが組まれる。近年はフレックスタイム制が広く適用され、自分の都合に合わせた出勤・退勤も可能であるが、民間企業の多くに見られる後精算方式とは違い、事前申告を要する。

時間外勤務（残業）については、出先機関も含めた平均でみるとワーク・ライフ・バランスが取れているとする職員が多い（令和２年度人事院年次報告書）が、近年は、霞が関を中心とする働き方の「ブラックさ」が取り上げられることが増えている。２０１７年度本府省勤務30代職員調査（人事院）でも、モティベーション低下理由の１位に「業務多忙や長時間勤務等によりワーク・ライフ・バランスが保てないこと」が挙げられている。

まず、構造上の特徴として、民間企業ではあらかじめ労使間で36協定を結び、その範囲内でしか残業を命じることができないのに対し、国家公務員については、各省各庁の長（大臣）が「公務のため臨時又は緊急の必要がある場合には、正規の勤務時間以外の時間において職員に…勤務をすることを命ずることができる」（勤務時間法第13条２項）と規定され、「必要があれば命じられる」という仕事優先が明示されている。労働基準監督署の調査対象からも外れ、対応は人事院に委ねられている。また、民間企業では月・年間の残業時間の上限が定められ、それを超過した場合は使用者に罰則が適用されるようになったのに対し、国の場合、ほぼ同様の上限時間数を定める規定（一月45時間かつ一年３６０時間以内、業務量や実施時期等を自ら決定することが困難な他律的業務の比重が高い部署では一月100時間未満、一年720時間以下など）が人事院規則に置かれたものの、違反に対し命令権者たる大臣に罰則が科されることはない。また、大規模災害への対処、重要な政策に関する法律の立案など国民生活のために緊急を要する業務については、年間720時間の上限の例外も認められている。

実務上の特殊性としては、本省における最大の残業理由である国会対応が挙げられる。翌日の質問が夜遅くに通告され、そこから想定問答作成作業が始まり、朝は登庁した大臣に国会出席前に内容のレクチャーを行う、という流れの繰り返しとなる。国会に対し質問通告を早める要請は繰り返しなされているが、各委員会の設定自体がぎりぎりまで与野党間の交渉事項であるため、質問者も直前にならないと確定しない場合が多い。こうした日程闘争は、関係者の心がけ・罰則やIT化だけで解決する問題ではなく、代表性の多元化と効率性の両立（武蔵 2020：249）という問題をはらむ。単純な多数決であれば、法案は与党が事前審査で了承した瞬間に決まることになりかねない中、会期内での法案審議の順番や審議時間の確保という議事進行に関する交渉が、少数野党が法案の成否に関与できる最大の要素となっている。公開された場での議論に基づく決定という民主主義原則を貫こうとし、かつ、大臣が事務方からの万全の答弁支援を要する限り、国会業務の合理化は企業の応用形では論じられない（他国の状況は第3章参照）。

もう一つ、深夜までの業務を生じさせている国会関連の作業として質問主意書もある。国政全般に関する議員からの文書質問に対し、内閣は受領して7日(土日祝日含む)以内に文書回答する義務がある。国会で質疑時間を与えられる議員は一部に限られるが、質問主意書はどの議員でも提出でき、内容に制約もなく、例えば「政府はUFOを確認したことがあるか」(2018・2・16逢坂誠二衆院議員)「二日酔いは病気か」(2019・10・7熊谷裕人参院議員)などの質問もある(両院HP)。一方、受領した側は、答弁案の執筆、関係省庁との合議、内閣法制局の審査、大臣決裁、閣議決定まで7日間で行う必要があり、連休中や年末年始でも猶予はない。2006年以降は件数が急増し、近年は900件前後、中には1000件を超えた年もあるなど、「他の業務がストップする」と言われるゆえんである(NHK取材班『霞が関のリアル』2021:92-105)。主意書はいつ、誰が出すかが事前にわからないが、出ればすぐに動く必要があるため、常に全省庁が待機している。国政調査権の一環として不可欠な仕組みであり、国会での不十分な政府答弁を補う意義があると言われる一方、果たして負担と効果が釣り合った状態なのかという議論もある。一方、従来は残業の主因の一つであった法令協議など省庁間の調整業務は、官邸主導の下で政策の方向が事前に示されるようになってからは激減している。

2019年度調査では、本府省の「他律部署」とされた部署のうち15・7%に当たる565

2人が上限時間数を超えており、その理由としては、台風など大規模災害への対処、重要な政策に関する法律の立案、G20大阪サミット及び関係閣僚会合や日米貿易協定など他国又は国際機関との重要な交渉、新型コロナウイルス感染症対策業務、国会対応業務、予算・会計・人事関連業務等が挙げられている(令和2年度人事院年次報告書)。2021年1月には、コロナ禍対応を担当する内閣官房の部局で平均・月122時間、最も多い職員は378時間の残業を行っていたことが判明し、担当大臣が陳謝する事態となっている。

民間企業と同様、超過勤務に対しては手当の支給が義務付けられているが、予算には上限がある。勤務実績と手当との乖離は、「役所に残っていても、上司が命じた部分だけが超過勤務」という(民間とは違う法的構造に頼った)理屈によって、いわゆるサービス残業とされてきた。明らかに不足している超勤手当予算を引き上げてほしいという要請は、長年、「残業を減らさなくて良いというモラルハザードとなる」という理由で却下され続けてきたが、ようやく近年になって実績に応じた手当支給が進み始めている。

一方、育児や介護を行う職員に対しては、民間企業に比しても手厚い制度が設けられている。育児休業は最長で子が3歳になるまで男女問わず取得可能であり、近年は男性職員の取得が特に奨励されている。昇進への影響を考えて取得をためらうことがないよう、職務復帰すれば、休業中も良好な勤務成績を残した者と同等とみなす扱いが可能となっており、時間短縮や通常よりも柔軟なフレックスタイム制度も利用できる。介護休暇も最大6か月取得可能であり、週のうち数日や時間単位など柔軟な取り方もできる。ただ、国会対応などを要する部署ではこうした事情への配慮が難しいが、これら部署での経験は幹部を目指す上では不可欠のOJT（On the Job Training：職務を通じた訓練）でもあるため、制度を利用する側には葛藤もあるという。一方で、育児休業や介護休暇を取得した者の仕事のしわ寄せが独身者などに集中するが、処遇は休んだ者と変わらないという不満も生じており、利用側になれば次は負担側に回るという「お互いさま」の理想が実現しているとは言い難い。

ハラスメントに関しては、セクシュアル・ハラスメントの対象範囲は民間より広く、「男のくせに根性がない」といった性別役割分担意識に基づく発言や、「性的指向や性自認をからかいやいじめの対象とすること」もセクハラに該当するとして禁じられている。パワー・ハラスメント防止については、2020年から民間企業とほぼ同趣旨の規定が人事院規則に設けられた。近年、通常の人事評価とは別に360度評価を導入する府省も増えており、部下に対する過度に厳しい対応を行う者は、実績を挙げていても昇進が見送られる事例も出てきている。ただし、「パワハラをしてはいけない」とされるのは職員であり、大臣や国会議員などの政治家にはこれらパワハラ防止規定は適用されない。

【1986年度】

一日8時間勤務で土曜日は半日勤務、週44時間という週休一日半制だったが、週休二日制導入に向けた試行が始まっていた。その後、1988年度から月2回、職員が半分ずつ交代で土曜日に休む形(開庁方式)となり、1989年からは月2回、全員が一斉に休む閉庁方式となって、1992年には完全週休二日制に移行した。

世間では「役所は9時〜5時勤務で気楽な商売」と信じている人も多い時代だったが、超過勤務は現在よりも多かった。超過勤務手当と実態との乖離は当然とされ、筆者の場合、100時間以上残業した月でも、手当は「22時間」から動いたことがない。加えて、女性は係長になるまでは夜10時以降勤務できないという法令があり(1999年に廃止)、働いても記録されない。新人は一番に登庁して部屋を掃除して先輩たちの湯飲みを洗い、夜は部屋の鍵を閉める。上司がくつろいでテレビを見ていれば、たとえ自分の仕事が終わっても先には帰れない。執務室内で喫煙する者も多く、いつも白い煙が立ち込めていた。

勤務時間管理はルーズで、「どうせ深夜まで残るのだから」と、昼休みも所定より長めにとり、朝も定時より遅れて出勤する者が少なくなかった。超勤手当を実績どおり支払っていないという当局側の弱みが、時間厳守の徹底を難しくしていた面もある。

恒常的な長時間残業の主な理由は、国会対応、予算要求、内閣法制局審査、法令協議などだったが、国会対応の中で質問主意書は少なく、1998年まではほぼ年間100件未満だった(前掲『霞が関のリアル』)。また、大臣に代わって担当局長がいつでも答弁できる政府委員制度があり(第2章3参照)、担当課長も説明員として答弁可能だったため、大臣のために事前に精緻な想定問答を作る必要も薄かった。

一方、法制局審査や法令協議は新しい政策をボトムアップで作り上げる過程の一部でもあった。新たな法律制定や大幅改正の際には、有望な若手職員を局内から集めたプロジェクトチーム(通称・タコ部屋)が立ち上げられ、制度設計の作業を担った。法案提出まで日が限られる中での法令審査は連日深夜に及ぶが、「誤読される余地や敗訴可能性のある法案は認めない」とする内閣法制局の権威は絶対的で、ダメ出しされれば論理的な回答を提出できない限り担当省側の譲歩が求められた。続く各省協議は、課長補佐級が自省の立場を守り抜く夜通しの戦いであり、協議された案に対しFAXで何百問もの質問をぶつける「紙爆弾」では、途中であきらめた方が負けとなる。決着した後でお互いの今後の解釈を縛るために交わす「覚書《おぼえがき》」の慣習もあった。

育児や介護は自己責任で処理すべきものとされ、役所に迷惑をかけないことが求められた。看護婦（当時）などを除く国家公務員が取得できる育児休業制度は１９９２年までなく、産前６週間・産後８週間の休暇があっただけだが、１９８０年代初めに上級職で採用されたある省の女性は、「出産前ぎりぎりまで働き、出産後１週間で復帰した」と語る。介護休暇も１９９４年までなく、「親の介護は妻の仕事」というのが多くの男性職員の共通認識だった。

気分に任せて大声で長時間怒鳴る、物を投げつけるという上司はどの省庁にもいたが、それが昇進時に問題とされることは皆無だった。セクハラという概念はなく（規則施行は１９９９年）、苦情を申し出れば被害者の方が空気を乱すトラブルメーカーと扱われて職場にいづらくなる。メンタルヘルスへの意識も乏しく、身を守るのはすべて自己責任だった。

ただ、こうした働き方については、当時の民間企業でも似たり寄ったりだった。

⑥懲戒処分と分限処分

国家公務員には様々な服務上の義務があり、一部の義務違反は刑罰の対象にもなる。職務上の秘密を守る義務（守秘義務）は従来から刑罰対象だったが、２０１４年12月に施行された特定秘密保護法により、防衛・外交・テロ等の特定秘密を扱う職員や関係業者は適性調査を受ける義務が生じ、違反の際の罰則も通常の守秘義務より上乗せされている。

違反が刑罰対象となる義務には、政治的行為の制限もある。猿払事件は、休日の選挙ポスターの掲示・配布行為に罰金が科されたことが表現の自由(憲法第21条)への制約に当たるかが争われた事例であるが、1974年の最高裁判決はこうした制限は合憲であるとした。休日の政党ビラの郵便受け配布をめぐって2012年末に出された二つの最高裁判決でも、こうした罰則付きの禁止は「公務員の職務の遂行の政治的中立性を保持することによって行政の中立的運営を確保し、これに対する国民の信頼を維持することにあるところ、これは…憲法の要請にかなう国民全体の重要な利益」としている。ただ、厚労省課長補佐が罰金刑とされた(世田谷事件)のに対し、社会保険庁の係員については、管理職的地位になく公務遂行の政治的中立性を損なうおそれが実質的に認められないとして無罪となった(堀越事件)。一方、特別職の事例では、2008年に防衛省幹部である航空幕僚長が政府見解と異なる見解を雑誌に発表したことが政治的行為の制限に抵触するのではないかと問題になった(田母神論文問題)が、更迭されてすぐ定年退職となり、懲戒処分等は行われなかった。

なお、2014年の国民投票法の改正により、憲法改正に関しては公務員個人(裁判官、警察官等を除く）による賛否の勧誘や意見表明が認められ、こうした行為は国公法で禁止される政治的行為には該当しない扱いとされている。

このほか2007年の国公法改正により加わった義務として、再就職の斡旋や退職後の古巣への働きかけが禁止され、後者は刑罰対象にもなっている。また、2000年施行の国家公務員倫理法で課せられた義務もある。刑法上の収賄に至らない場合でも、利害関係者からの贈与（いわゆる「割り勘負け」を含む）や接待を受けることは禁じられ、利害関係がない場合でも5000円を超える贈与や飲食の接待、謝金受領等には四半期ごとの届け出が必要である。2021年には利害関係企業から高額の接待を受けていた総務省や農水省の幹部らが懲戒処分を受けたが、一部の事例では政治家またはその身内が同席している。なお、総務省の事案に関しては、その後、外部有識者からなる検証委員会が、「行政が歪められたことは否定できない」とする報告書を提出した。

各義務違反については、（刑罰対象であってもなくても）懲戒処分の対象となり、最も重いのが退職手当も支給されない免職、次が停職、減給、戒告となる。懲戒処分を受けた場合は、給与への影響はもちろん、その後一定期間は昇進できないという効果が生ずる。故意か過失かは無関係で、近年は誤ってメールで個人情報を流出させた事例などの処分も増えている。

注目を集めた事例としては、国有財産売買に係る決裁文書が書き換えられた森友事件をめぐって、2018年3月、書き換え当時の財務省理財局長であった国税庁長官が「国有財産行政に対する信頼を損なった」との理由で減給20％3か月の処分を受け、同時に辞職している。一方、同年夏には大多数の府省で障碍者の法定雇用率の水増しを行っていたことが発覚したが、長期にわたって不適切な扱いが引き継がれていたために過去に遡った懲戒処分は行われず、大規模な不祥事ほど処分が行いにくい問題も明らかになっている。

このほか、心身の故障や適格性不足などによって仕事が十分にできない成績不良者を公務能率の維持のため排除する制度として、分限処分がある。こちらも免職、降任、休職、降給の4種類があるが、懲戒処分とは違って本人の責任を問う含意はないので、分限免職でも退職手当は100％支給される。よく「公務員の身分保障」と称されるが、分限制度は「勤務成績が良いにもかかわらず不利益な扱いをしないこと」を意味するもので、勤務成績不良者まで身分保障されるわけではない。ただ、分限処分の発動が限られているのも確かで、2018年度の分限免職は9件、2019年度は8件にとどまっているが、明らかに成績不良の職員に対しては、分限処分に至る前に自ら辞表を出すよう説得する扱いが通常となっている。

「勤務成績が良い限り不利益扱いをしない」というこの原則には、例外も設けられている。

一つは「官制若しくは定員の改廃又は予算の減少により廃職又は過員を生じた場合」(国公法第78条4号)の免職(いわゆる4号免職)であり、ポストがなくなれば民間企業と同様のリストラがある。2009年末には社会保険庁の廃止に伴って525人が分限免職された。

もう一つの例外が、2014年の幹部人事管理一元化と同時に新設された特例降任制度(第78条の2)である。幹部(指定職)の場合は、大臣が別な職員にそのポストを与えたいと考えれば、勤務成績が良くても、一定条件の下で下位ポストに降任することが可能となった。発動例はないが、「他の者のほうが気に入られれば自分は降任される」という規定が与える心理的効果は小さくないだろう。

【1986年度】

1948年以降、服務に関する制度変更はなく、法令や上司の命令に従う、勤務時間中は仕事に専念する、職場の信用を失墜させる行為をしない、職務に関する秘密を守る、といった組織人として当然の官民共通の義務のほか、政治的活動の制限、争議をしないこと、兼業規制など公務員固有の義務もあった。秘密漏洩や争議、営利企業での無許可兼業などは刑罰の対象にもなり得る点も、民間とは異なっている。守秘義務との兼ね合いでは、「情報は公務が独占すべきであり、外に出さないことこそが公益に資する」というのが当時の常識であった（情報公開法施行は２００１年）。

懲戒処分の中心は、違法ストをはじめとする組合関係の事案だった。刑法上の収賄に至らない限り、公務員が接待を受けることに制約はなく、官僚が意見交換のために関係企業などとの宴席に出向くのは職務の一環とみなされ、査定や調査担当の省庁に対して行ういわゆる官官接待もあった。政界のみならず官界にも未公開株譲渡が行われていたリクルート事件が発覚して、世の中に大きな衝撃を与えたのは、その後の１９８８年のことである。

官民問わず「雇用を守ること」が使用者の重要な責務と考えられていた時代であり、とりわけ公務員については成績不良による分限処分はまず考えられなかった。１９８７年に国鉄が民営化された際には、過員免職の事態を防ぐために内閣が各省の協力を求め、ＪＲ各社に採用されなかった者のうち約７６００人が各省庁に採用されている。

⑦退職と再就職

２０２１年２月に行われた職場意識調査では、国家公務員の不安要因の筆頭に「退職後の生活の安心感」が挙げられている（令和２年度人事院年次報告書。本府省職員に限った２０１６年度調査でも同じ)。おそらくこの項目がこの35年間で最も大きく変容した部分であろう。

定年は60歳であるが、事務次官は62歳など一部職種に例外がある。2007年の国公法改正により、人事当局が定年前に公務外のポストを斡旋する長年の慣行が違法となったため、再就職先を自力で見つけ、あるいは現役職員が関わらないルートで紹介された者を除き、定年まで在職することが通例になりつつある。新陳代謝が滞ってきたため昇進ペースも全体に遅れがちで、職員の能力・実績差に応じて処遇差も徐々に大きくなっている。

また、本来、定年退職後は公的年金で生活を賄うことが想定されているが、年金支給開始は60歳から既に引き上げられて65歳となっており、定年まで勤め上げたとしても無年金期間が生じる。このため、定年退職後の再任用制度が設けられているが、総定員法の縛りがかかる常勤職員とすると若手の新規採用枠がその分減ることになるので、これを避けるため、2020年度では再任用総数1万5667人のうちパートタイム(短時間勤務)が9592人(61%)となっている。また、常勤であれ短時間であれ、再任用後は定年前よりも軽いポストに就くのが通例であり、給与水準は相当下がる。

こうした状況は、意欲と能力のある職員の活用にはほど遠く、生涯現役社会という政府の目標にも反することから、定年を引き上げる国公法改正が2021年に成立し、2023年4月から2年ごとに1歳ずつ引き上げ、２０３１年4月には定年65歳となることが決まった。ただ、年金支給開始年齢に定年が追いつくまでは、隙間を引き続き再任用でつなぐことになる。

定年引上げ後も、二つの点で60歳が大きな節目となる。一つ目に、60歳に達した年の翌年度からは、まったく同じ職務を続けていても給与は7割に抑えられる。同一労働同一賃金の視点からは説明がつきにくいが、民間企業では今も再雇用・嘱託という形が多く、その分、給与も抑えられていることに配慮した暫定的な措置である。二つ目が役職定年制の導入で、準課長(企画官)級以上の職員は、勤務成績にかかわらず60歳に達した翌年度から役降りして、課長補佐以下のポストに就けられる。そのポストの給与上限が天井となるため、役降りした場合は、元々の給与の7割よりもさらに相当低くなる。

なお、従来から、国際交渉の最中であるなど余人をもって代えがたい特別の事情がある者に限って、定年に達しても属人的に勤務延長を認める仕組みが設けられている。一般職ではあるが検察庁法の適用下にある検察官にはこの勤務延長の適用がない、というのが従来からの政府解釈である。２０２０年、検察庁が唐突に解釈変更を試みたのに対し、意中の人物の検事総長就任を可能にして政権が捜査介入するためではないかと懸念する声が多数寄せられ、結局、検察官への適用は断念されている。

退職年金については、公的年金の一部として掛金労使折半の職域加算部分（支給額で月2万円程度）があったが、官優遇として批判が続き、2015年10月から共済年金制度が厚生年金制度に一元化された際に廃止された。経過措置として退職等年金給付が創設され、廃止前の職域加算部分の加入期間がある者に対しては、既加入期間に見合った額が企業年金方式で支給されている。

なお、退職給付については、2006年以降、退職手当に加えて前述の職域加算部分も比較に含めて、給与と同方式のラスパイレス比較による厳密な官民均衡が図られるようになった。初回2006年の調査ではほぼ均衡という結果が出たが、2012年3月に公表された2回目調査では公務が400万円以上民間を上回っていることが判明し、退職手当がこれに合わせて切り下げられた（第2章3参照）。

【1986年度】

1985年3月末に導入された定年制度で、定年は60歳と定められたが、上級職で採用された職員がこの年齢近くまで残ることはまずなかった。筆頭課長、局次長・審議官、局長と、ピラミッドを上がってポスト数が減るにつれて勧奨（いわゆる肩たたき）が増え、50代前半までには事務次官となる1名だけ残して同期全員が退職する。ただ、一方的に辞めさせることはできないため、辞表を出すのと引き換えに人事当局が公務外のポストを提供する慣行が「天下り」であり、昭和30年代から目立つようになった(森園他 2015：1002)。こうした計画的退出の仕組みがあるため、上級職採用者の昇進ペースは現在より早く、昭和50年代では40代で局長級という省庁も多かった(村松編著 2012：124)。

退職後2年以内に、退職前5年間に在職した国の機関と密接な関係のある営利企業に就職することは原則禁止とされ、人事院の事前承認を得た場合に限り可能だった。１９８６年に営利企業への再就職が承認されたのは本省課長級以上で２５２名、うち旧大蔵省の54名などが目につく。ただ、実際には、公社・公団、特殊法人など国公法上の規制を受けない非営利企業にまず再就職する方が一般的であり、承認不要となる2年後に営利企業に移り、その後釜に同じ省庁の後輩が再就職する。こうした慣行に対しては当時も批判があったが、その後、平成期に入ると「営利企業への組織的斡旋は、権限を背景とした押しつけや官民癒着ではないか」、「公益法人等への再就職は、補助金を支出した無駄な組織づくりにつながっていないか」などの声がさらに高まり、短期間で組織を移るつど高額な退職金を受け取る「渡り鳥」にも批判が集中して、公務員制度改革の柱の一つとなっていく。

一方、上級職以外の試験区分で採用された職員は、特定の部署に長く在籍して職務知識を蓄え、ベテランとして頻繁に異動する上司を支え、本省課長級以上に登用される一部の者を除けば定年まで勤め上げることが通常だった。

退職手当は総務庁人事局が所管し、数年に一度、民間調査が実施されていたが、賃金の後払いというよりも勤続報償という性格のものとされていたため、給与ほど厳格な官民比較ではなかった。１９８６年と同じ制度が適用されていた１９９９年時点の平均退職手当額は２９４８万円（内閣人事局資料。指定職は含まない）で、２０１５年度退職者よりも６００万円以上高い。

また、戦後しばらく適用されていた恩給制度に代わり、１９５９年以降は本人負担を要する共済年金制度に移行していたが、当初は給付額の算定基礎は退職時給与（最終３年間の平均俸給）とされ、勤続35年で退職した場合には退職時給与の62・5％が給付されていた。しかし、１９８６年から施行された年金改革によって、共済年金の大枠は厚生年金制度に合わせられ、算定基礎も勤務期間を通じた平均給与（平均標準報酬月額）に切り換えられたため、勤続35年での支給率はほぼ半分に落ち込んだ。これは他国の公務員年金の水準より相当低いが、当時は当局斡旋による再就職が当然の前提だったためにほとんど議論にはならなかった。なお、厚生年金制度との細かな違いとして、掛金率などの優遇が残されたほか、上乗せとして職域加算部分が設けられた。この職域加算は、「公務員の厳しい服務規律下での職務への精励を担保するもの」などと説明され（森園他 2015：1070–1072）、退職後に秘密漏洩などの不祥事があった場合には剝奪された。

2　仕事の内容

ここまでみてきたのは働き方の枠組みだが、ここからは「仕事の中身」がどう変わったのか、当事者たちの視点から紹介する。若手・中堅職員の視点については、ＮＨＫ取材班『霞が関のリアル』、千正康裕『ブラック霞が関』などの本が出され、メディアでも取り上げられる機会が多い。このため、本書では、政治主導に向けた変化が生ずる前の時代も知る、上の世代の現役官僚たちに焦点を当てる。

具体的には、１９９０年代半ばまでに採用され、有力省庁で秘書課長・総務課長など組織管理の要職を経験した現役幹部6名のインタビューを筆者が行い、当事者として経験した約30年間の仕事の変化について、①政治・内閣との関係、②他府省など行政組織間の関係、③省内の関係という3段階に分け、何がきっかけで、どう変わったのかを聴取した。同時に、彼らが省庁内の人事・組織管理の責任者として取り組んできたことについて、働き方や人材育成への配慮、採用時の着眼点を中心に聴取した。時期は2021年8〜9月で、結果的に菅義偉政権の終盤に当たる。

なお、このインタビューでは併せて、彼ら自身の職業人生を導く力（ウェーバーの言うデーモン）は何かを聴いており、その回答は結びで紹介する。結びではこのほか、十数名の幹部官僚やOBが語ってくれた具体的な仕事の喜びも取り上げる。

①官邸主導の徹底

採用時と比べた大きな仕事上の変化は、官邸主導が徹底されたこと、政策決定がトップダウンとなって途中過程の各省関与が減っていることである。長らく財務省（大蔵省）主計局の役割だった各省調整が官邸・内閣官房に移ったが、各省との関係はまだ過渡期にある。

変化が始まったのは小泉政権（2001〜2006）とする者が多いが、より大きな分岐点として挙げられるのが第二次安倍政権（2012〜2020）である。両政権ともトップダウン志向だが手法は異なり、小泉政権下では意思浸透のために使われたのが内閣府（とりわけ経済財政諮問会議）だったのに対し、第二次安倍政権以降は、官邸や内閣官房に各省から集められた官僚を通じた指示となっている。

●１９９０年代終わり頃までは各省同士が政策のイニシアティブを取っており、内閣官房は各省間でもめて決着がつかなかったとき、事務次官会議前に最後の沙汰を下す場所だった。これが変化したのが小泉政権で、さらに官僚の使い方のフェーズが変わったのが第二次安倍政権。

●小泉政権になって、内閣官房(副長官補室)や官邸に各省から課長級を集め始めた。人を送っていないとダイレクトに情報が入ってこなくなるので、各省も優秀な人を出して官邸の方を向くようになった。「それまでは(与)党しか見ていなかったが、初めて官邸を意識するようになった」という省もある。

●政治家と各省との間にある政策立ち位置の差をつなぐのが内閣官房。各省は業界など関係者を説得する責任を負うので、先送りを考えやすい。確かに各省が動かないことが安定性をもたらしている面もあるが、それが単なる抵抗なのか、あるいはその省の現場の抱える実情などを反映したものかを見極める役割が(内閣官房)副長官補室なので、各省からそこにつなぎ役を出している。

●小泉政権以降の官邸の関心は、外交、社会保険など特定の分野に集中していたが、これが第二次安倍内閣で一変し、総理自身による意思決定の仕組みに変わってきた。常に官邸から各省に仕事が降ってくるので、請負化が強まっている。

●小泉政権下の経済財政諮問会議で、各省の意向を気にせずに骨太方針が決まるようになったが、そこでは内閣府が使われ、配置されている人数も多かったのでボトムアップの議論ができるメリットがあった。しかし、スピード、指示の実現を重視する第二次安倍政権は、官邸の立場から物を見る優秀な官邸出向者を使うのが早いと考えた。

●第二次安倍政権では国家安全保障会議などでも経済財政諮問会議方式を用いるようになったが、使うのは内閣官房に変わった。官邸が各省大臣を通じずに自分の手足を使いたがるようになり、霞が関全体から人を集めて、官邸官僚が動くようになった。その尻ぬぐいが内閣官房副長官補室の役割になっている。

●(第二次安倍政権途中から菅政権にかけて)ここ数年は内閣官房が組織として大きくなり、副長官補室を通じていろいろな指示が来るようになった。

これら以外に、変化をもたらした要因として、橋本政権(1996～1998)が取り組んだ行革や省庁再編、民主党政権(2009～2012)下の官僚外しの影響も指摘される。さらに、仕事の変化は「政治的要因よりもむしろ経済構造の変化がもたらしたもの」とみる幹部もいる。

●政治主導の動きは橋本行革時から強まったが、この時期には大所高所の理念が全府省に示された。政治から指示が降ってくる形が始まったのは民主党政権からだが、これを機に、ボトムアップで構造改革を行おうとする各省側の動きもあった。

●民主党政権下で事務次官(記者)会見がなくなったことで、各省がアイディアを出さず、受け身、指示待ちになる状況が生じた。

●衆議院小選挙区制導入によって党の力が強くなり、派閥間争いがなくなったことが公務の仕事の仕方を変えたのは確かだが、それよりも政策立案に大きな影響をもたらしたのは、経済構造自体の方だと思う。日本が世界のトップだった時期には、公務は、予算を取って業界代表と情報交換すれば回る単純な仕事だった。しかし、日本の産業はバブル崩壊後、競争力を失い、IT革命にも乗り遅れた中、政策が出なくなり、状況が難しくなっている。

官邸主導の効果としては、縦割りの弊害がなくなった一方で、各省が下請け化して当事者意識が薄れていること、知見の吸い上げが弱まっていることが指摘される。

●第二次安倍政権は、総理秘書官を通じて各省の話は任せていたが、実際には官邸出向者の知らない政策の裾野もあるため、初歩的な案件でつまずいたりもする。

●第二次安倍政権下では、政権存続自体が目的となって、「やってる感」の打ち出しが重視された。総理秘書官が一億総活躍や未来投資などのアジェンダを次々と打ち出し、各府省に球（それを具体化する政策案）を持ってこいと指示するようになった。

●毎年コンセプトを求められて、「次の国会に」「今度の経済対策に乗せる」と短い期間で政策を打ち出す必要が生じている。何年もかけてじっくりと仕込むことができなくなり、省内でも検討に余裕がなく、局長が課長に指示し、課長が命ずる。下は「やらされ感」が強まっているが、上からすれば「アイディアが上がってこないので任せられない」という悪循環となっている。

●菅義偉総理は官僚以外からの情報源を持っており、幹部人事の一元管理も、各省を動かすのに効いている。

●菅政権では、国論を二分するような政策でも、事務方は部屋から出されて「政治で決着する」という意識があった。役人が出すA、B、C案の中からだけではなくて、違う案で決まることもある。

●菅政権も民主党政権と同じく官僚排除だが、スピード感があり、答えも出る点で違う。ただ、様々な知見を反映させて、決定までの過程やメリット・デメリットを示すという方法もあるはずだが、なぜこうなったかが行政官にはわからなくなっている。

●内閣官房は従来よりも強化されているとはいえ人員も限られ、あくまでも司令塔という位置づけなので、各省との役割分担が必要なのに、それが各省にはよく認知されていない。
●各省とも「譲れない理念」を示せる能力が必要となっている。その上で、クリアすべき問題について、それが金の問題なら予算を他から回し、守るべき一線があるなら両立できる解を考えるのが(内閣官房副長官)補室の仕事。
●各省縦割りはデメリットが多かったので、内閣官房による統括強化の方向は間違っていないが、実施事務を背負う責任は自分たちにあることを各省側も理解しないといけない。
●官邸主導を前提にしつつ、それを機能させる方策を考える必要がある。しかし、いまは全部官邸がやり、受け身の立場に置かれた各省のモティベーションが下がる悪循環が生じている。政策決定段階前に案をたくさん出させることが必要なのに、各省にはやる気がなくなっている。
●各省で決めるのは無理な調整業務も多いが、官邸集約によって自分たちの手は離れたので内閣官房でやって、という各省側の意識が強まっている。この結果、現場やスタッフの知見が(政治に)入らず、政策決定を誤って、トラブルが生ずる。
●新型コロナウイルス感染症対策でも、本来所掌すべき厚労省がパンクしてしまったために内閣官房で引き受けている。数々の統計不祥事にも表れたように、各省側に(多忙による)思考停止が生じており、危機対応能力もなくなっているのではないか。

②各省間協議と内閣法制局審査の弱まり

従来は、新たな政策が試みられるたびに各省間で激しい質疑を交わして(「紙爆弾」)権限を取りにいく慣行があったが、トップダウンが進む中でそうした各省間の協議が薄れ、内閣法制局による論理の審査の弱まりもあって、政治の意向が政策にそのまま反映されやすくなった。この結果、従来とは逆に仕事を押しつける傾向が目立つようになっている。

変化の契機としては、橋本行革と省庁再編、続いて小泉改革や民主党政権の影響が挙げられる。また、各省間の交渉結果を記録して交わす覚書慣行の消滅には、2001年に施行された情報公開法の影響が大きく、「外で通用しないような記録は最初から残さない」という意識が新たに生じている。

●1990年代まで紙爆弾で自省の主張を通すために頑張り、相手から覚書を取ってなんぼ、という文化があった。消えた第一の理由は、情報公開法ではないか。第二は、省庁再編による大括り化で、例えば(通産省と郵政省が激しい権限争いをした)通信戦争も、情報通信が総務省の一部局になると事務次官の興味が薄れたように、各省のこだわりが減った面もあろう。第三は、住宅金融専門会社（住専）問題による不祥事の影響。
●省庁間関係が最初に変化したのは橋本行革から。それまでは法令協議によって権限の分捕り合戦をしていたが、それが相手に仕事を押し付けたがる消極的権限争いに変わった。ただ、本当に変わったのは、小泉政権の官邸主導から。
●紙爆弾と呼ばれた各省協議のやり方が変わったのは、橋本行革の成果の一つ。各省設置法の改正によって所掌が（省庁間で）重なってもよいとしたことで、権限争議が起きなくなった。権限を得るために闘わなくても、政策で勝負すればいいという方向に意識が変わった。加えて、情報公開法で（覚書を残す方式が）厳しくなったこともあろう。さらに、内閣法制局の役割の変化や、その後に創設された内閣人事局の影響もなくはない。
●かつては省庁間の紙爆弾など、能動的に各省が政策形成にかかわっていた。変化したのは、小泉内閣の経済財政諮問会議が嚆矢。もう一つは、情報公開法によって覚書文化がなくなったこと。
●各省協議の変化は、民主党政権の誕生が契機だと思う。紙爆弾文化がなくなった原因として考えられるのは、事務次官等会議が廃止され、事務レベルの府省間調整が抑制されたこと、行政情報公開請求の活発化により水面下のやりとりに萎縮傾向が生じたこと、各府省が新たな仕事を引き受けることに消極的となり、権限争いをする動機が失われたこと。
●政策実現の手段には法律と予算とがあるが、近年は法律なしで実現できることが増えてきた。自分が若い頃には内閣法制局が偉かったので法令審査（への対応）が重要な仕事だったが、いまは（政治判断を）止める理屈がなくなっている。大臣が求める政策に、「内閣法制局がダメだと言っている」では通らないので、法制局側も政治のプレッシャーを意識している。
●内閣法制局の地位低下は、民主党政権が政治主導を標榜し、法制担当の国務大臣を置いたことに端を発する。ただ、法制局審査が以前ほど厳格ではなくなっているのは、むしろ働き方改革の影響が大きい。法制局との関係での実質的な政治主導は、第二次安倍政権が内閣法制局長官を外部から登用し、憲法解釈を変更して安保法制を整備したことくらい。
●人権に関して憲法に抵触する問題であれば内閣法制局で線を引いて欲しいが、単なる類型論などの政策論議は彼らがすべきでない。
●政策の訴訟リスクについては、司法府の判断によって負けたら負けたで説明がつく（ので、政策決定段階ではそこまで気にする必要はない）というのが役人の一般的な感覚ではないか。
●憲法問題などが政策に与える重さは、府省・政策分野によって差があろう。例えば厚労省は、コロナ禍の下でも訴訟に負けないエビデンスを求めているが、同省は（人命に直接関わる問題を所掌するので）不適切な判断をすると逮捕されるという重さを抱えている。

③ボトムアップと情報優位の終焉

彼らが採用された頃の政策立案は、係長・課長補佐からのボトムアップで行われていたが、いまは課長級が官邸・政治の意向を受けて政策の方向を指示するため、下積み期間が長くなっている。また、かつては現場を抱える各係の担当者が最大の知識を持っていたが、その後のインターネットの普及で情報を持っている人々が公務外にも急増したため、行政経験が乏しい若手は主体性が発揮しにくくなっている。

●政策立案に携われる時期は、今は課長級からで、明らかに遅くなっている。

●以前は課長補佐になると「自分が政策を決めている」という感覚があった。１９９０年代後半に体験した大掛かりな制度設計でも、課長が枠組みを作り、細かいところを課長補佐が決める分担で、局長は口を出さず、自由度は高かった。しかし、今は大臣や局長が対外的に揚げ足を取られることが増えた。本来は係長が決めればよい事項でも、細かいことまでわかるはずもない上が口を出さざるを得ず、悪循環が生じている。

●任期付きで採用されている弁護士などは、「能動的に政策立案できる面が残っている官庁の方が（他の職業より）圧倒的に面白い」と言う。ただ、昔に比べると、若い頃の機会が乏しく、下積みが長くなっているために若手の間に不満が生じている。

●課長が自らペーパーを書くなど、従来よりもテクニカルな仕事の比重が高まっている。以前のように、ＯＪＴを兼ねて拙《つたな》くとも若手に原案を書かせる余裕がなくなり、課長が本気を出すと、知識経験に差がある課長補佐級以下はついてこられない。ただ、課長級が補佐級の仕事をすれば、その分、政治との大きな調整やマネジメントに割けるリソースが弱くなる。

●一方、最終的に担える仕事のレベルは以前と変わらないし、優秀な人材なら、それよりも前の段階で、属人的な能力発揮の機会もある。

●インターネットの普及によって、一般の人々がアクセスできる情報量が増え、官庁の情報収集上の優位がなくなっている。自分が採用された頃は本を読んで分析を蓄積したが、当時、これができるのは官庁ぐらいだったし、官庁の成果物には権威もあった。いまや課長補佐が調べられる内容は素人と変わらない。

●政治家が仕入れる情報の質も上がり、官庁への要求水準が高くなっている。情報公開法で誰かが得た情報も、インターネットで即座に市場に出回る。不祥事によって役所への信頼度も落ちている。

●情報優位がないと調整能力も弱まるが、ネットで取れない情報収集に力を割こうとすれば、今度は他の業務で劣化が生ずる。

3　各省当局の工夫

ここまで見てきたとおり、霞が関では働き方の枠組みも、要求される仕事内容も大きく変わってきている。その中で、各省の人事・組織管理の責任者たちは、優秀な人材をつなぎとめるために様々な努力をしているとする。

①働き方の合理化と育成への配慮

職場慣習によるつきあい残業はなくなり、超勤手当の不払い（サービス残業）をなくす取り組みも進んでいる。他方、政策形成に携わる時期の遅れやトラブル対応の増加で、若手が仕事を通じた社会貢献や自己成長の手ごたえを感じにくくなっている。人事については、当局による幅広い分野のローテーションという慣例があるが、本人の意向を踏まえて特定分野の専門性を高める育成も一部で模索されている。

●自分の入省一年目は無茶苦茶な残業だったが、あれは精神論による徒弟制度で、何の意味もなかった。二度とやりたくない。現在はまったく様変わりし、突発的に朝まで仕事するような事態はあり得るものの、全般には残業時間をかなり減らしており、残業代も100％支給している。

●働き方は合理化されても、政策よりも所管業界のトラブル対応に追われるなど、仕事の質が変わっている。国会答弁や閣僚会見もそうした内容が増え、やりがいを感じにくくなっている。

●働き方改革に向けて、オンライン活用など業務の合理化を進めている。ただ、本当に必要なのは、やみくもに時間短縮を求めることよりも、「出すべき成果をどう考えるか」というアウトプットのほうを見直す視点だと思う。

●当省には、若手の育成について昔から配慮する文化がある。

●近年は360度評価を徹底し、上司本人にその評価を示して自覚を促す省庁もある。

●総合職の配置ポストに従来から変更はないが、特に女性職員については、地方勤務の時期や期間などについて配慮している。

●当省は全員にトップを目指して頑張らせる放任主義だったが、ここ数年は、若手課長まではどういう分野をやりたいかを本人に聞いて、人事配置にも反映させている。採用間もない職員には、「最初は広く回すが、補佐段階からは得意分野、自分の軸を作ってほしい」と伝えている。以前から高度の知見を要する分野は一部にあったが、現在は全般に専門性が高まって業務が難しくなっているので、意識的にハイレベルの訓練を積んでいないと、行政経験が長い上司の方が特定部署の担当者よりも詳しいという事態も生じてしまう。

●「自分の将来像が見えない」と辞めようとする若手には、「今の状態が永遠に続くわけではない」と伝えるとともに、やり遂げた成功体験を持たせるよう、様々な取り組みをしている。「政策を担ぎたい」という要望を受け、中堅課長補佐級から意識的に政策を担当させ、半年、一年後のフォローで成長を確認する形にした。２０２０年頃から、総合職採用の若手には一人ひとりに人事配置の際の意図も伝えている。

●仕事の要求水準が高くなっている分、同期の間で事実上の差が付き始めている。総合職でも、課長補佐より上に昇進させられない人間が出ている一方、一般職でも課長級への登用を・定数行っている。

②採用時の着眼点

全体でみると応募者層はおとなしくなっている一方、公共への明確な志向を持つ優秀な人材が毎年少数ながら入ってきている(詳しいコメントは第2章4)。

どの省庁でも、採用の決め手は試験席次などではなく、「今後の社会や人間への強い関心を持っているか」であり、部下の統括や組織管理ができるかという人間性もチェックされる。さらに、省ごとに背負う使命や重視する点には違いがあるため、省庁の知名度ではなく、自分自身の価値観との相性を考えて応募することも大事とされる。

●応募者に、いまどんなことに興味を持っているかを4、5問聞くと、気づく力、視野の広がり、分析能力、長い(期間への)想像力が湧くかなどが見えてくる。

●採用時に何を重視するかは省ごとのカラーもあり、当省の場合はバランス感覚の良さ。こちら側から問題提起をして、その趣旨が伝わるか、その場で適切な対応ができるか、付け焼刃のコピペで話さず揺さぶってもついてこられるかをみている。

●世の中の多数と違う尖った意見を持っていても良いが、大事なのは、自分の立ち位置を客観視できているかどうか。突っ込まれた時に、現実の難しさを分析できていればよい。
●役所はなかなか動かない体質があるのも事実なので、口先でうまく語るだけではなく、(関係者を)調整して結果につなげられるか、提案を実行できる人間かという見極めも大事。ただ、入省前にこれを見極めるのはやはり困難だと感じる。
●社会と人間、人と人とのつながりへの興味が必要。テクニカルで難しい仕事という印象が強い分野なので、それに興味がある層が応募してくるが、専門分野への関心に留まらず、それが世のため、人のためになるかまで考えられるかをチェックしている。先端技術のリスクや、それが歪むことでどんな結果を生むのかなど、今後の社会にもたらす影響まで考えて、そこに取り組むことに面白さを感じる人でないといけない。
●当省は減点主義ではなく加点主義。採用試験の席次も気にしない。生き物である経済を扱うので、守るよりプラスを増やすために変革しようと考える人材を求めている。他方、政策の背後にいる国民一人一人の生き方を大切に考える省もある。
●採用時点では原石でよく、専門知識を持っている必要はない。本当は一点突破型の人材もいることが望ましいが、特定分野のプロであれば任期付任用で採用できるので、やはり長期的な人事を考えて、組織管理までできる人材かどうかをみている。

●多数の部下を統率する職に就くことが予定されているため、人間性を最も重視している。負荷に強いかどうかも重要なポイント。採用実績は比較的良い。

●民間も含めて、永久就職の発想が薄れている。理想的には、官民を行ったり来たりできるようになればよいと思う。

●民間も含めて終身雇用が崩れつつあり、圧倒的に転職機会が増えている。今後、中途退職者を再び採用する出戻りも増えていくだろうが、やはり民間とは給与差もある。単なるスペシャリストではなく、管理者、調整者としてどこまで使えるかも見きわめないといけない。

●府省ごとに背負っている仕事やミッションが異なるが、それを「省益」と短絡的に考えてはいけない。応募者本人が何を最も大事な価値だと考えるかによって、向いている府省も違ってくる。

4　小括——合理性や官民均衡が強まった半面、政治的応答は聖域化

この35年間で、官僚の働き方は、枠組みと内容の双方で大きく変わっている。

昭和末期の1986年は、官僚黄金期の最後のようにノスタルジックに語られることもある

が、働く枠組みに関する限り、「当時の方が今より良かった」とは言い難い。様々な点で制度の建前と運用との乖離が大きく、上級職採用で専業主婦の妻と子供がいる男性を中心に据えた人事運用がなされ、それ以外の者への目配りは乏しかった。生活のすべてが職場中心に回っており、役所が一生面倒をみるのだから黙ってついて来い、という風潮もあった。現在、こうした働き方を良しとする者はまずいないだろうが、当時は民間企業も似たり寄ったりで、特にバブル期の働き方は官民とも常軌を逸していた感がある。

それ以降の働き方の枠組みの変化には、大別して三つの方向性がみられる。第一は、社会情勢に応じて、企業と足並みを揃えて同じ方向に変化していること、第二は、公務の特殊性からくるとされてきた優遇の多くが廃止されて企業に近づいていること、第三は、(第二の方向とは逆に)公務の特殊性を反映して民間よりも厳しい規制が強まってきたことである。

一つ目の方向の表れとしては、官民双方とも給与や昇進に関して実績主義の傾向が強まって、業務目標に沿った個々人の短期決算が行われるようになり、成果を出せない者が年次だけで昇進することは困難になった。出産・育児や介護は、「職場に迷惑をかけないよう自己責任で処理すべきもの」から「職場が当然に支援すべきもの」に変わった。上司につきあう残業は駆逐されつつあり、ハラスメントは処分対象となった。より合理的な働き方が社会の常識となる中、公務も世間の物差しに堪え得る方向で変化してきたと言えよう。また、性別等による採用・昇進差別は許されないという建前が運用にも反映されるようになり、多様性に対する意識も不可欠となってきた。日本企業の特徴とされていた終身雇用が当たり前のものではなくなる中、官庁でも任期付任用や経験者採用などが導入され、非常勤職員の割合も急増している。

二つ目の方向の表れとしては、いわゆる天下りに関し、役所による組織的な再就職斡旋が違法となり、民間より有利とされてきた退職手当や年金についても、厳密な官民均衡が図られるようになった。給与等の比較対象もより小規模の企業まで拡大されている。採用試験によって事実上幹部候補を決めてきたいわゆるキャリア・システムについては、採用後の働きぶり次第で、本省課長まで到達しないI種・総合職試験採用者が珍しくなくなっている。「働きが劣っていてもクビにはしない」という慣行が通用しなくなり、成績不良者に対しては法令どおり免職も含めた処分が行われるようになり、社会保険庁の廃止時にはリストラも生じている。とはいえ、民間に比した最大の有利さとして、(非正規を除き)雇用の安定が依然として残っていることは否めない。

三つ目の方向の表れとしては、従来からの政治的行為の制限や労働基本権の制約に加えて、公務運営への国民の信頼を確保するために、国家公務員倫理法などによる規制が強化されている。さらに、民間企業では罰則を伴う残業の上限規制が進んだのに対し、官庁では「公務はどんな場合でも止まってはならない」という判断から上限の特例が認められた。これを突き詰めれば、「民主制下では、国民の代表者たる政治家からの要請は労働者保護よりも優先されて当然」という解釈もなり立とう。また、幹部人事に関し、従来はトップの専権という色彩が強かった企業では、社外取締役など第三者的立場からのチェックが奨励されるようになったのに対し、官庁では逆に、総理や内閣官房長官の好悪がストレートに反映される仕組みとなった。

他方、様々な議論がありながら変化していない仕組みもある。採用試験に最終合格しても個別府省への官庁訪問・面接を経るまでは採用されない運用や、ポストごとの職掌が明示されないままの当局主導の配置、労働基本権の制約下で第三者機関の勧告や意見の申出を受けて国会が勤務条件を決定する方式などである。

続いて、この35年間で生じた仕事内容の変化に目を向ける。

昭和末期には、政策立案は基本的にボトムアップで、執行を担当する各係に情報が集中していたために、若手の時期から創造的な立案業務に関与しやすかった。課長補佐級になれば実質的に政策決定者という実感を持つことができ、「紙爆弾」「覚書」に象徴される激しい各省間協議を通じて自省の主張をいかに通し、所掌を拡大するかが腕の見せどころとされた。論理的に隙のある主張をすれば、直ちに論破されて先方の記録にも残されてしまう。こうした協議には縦割り意識による無駄が大きかった半面、大量の文章のやりとりを通じて、各省が担う固有の価値や影響を受ける人々の見落としが防げていた面もある。また、政府全体の論理的ゲートキーパーとしての内閣法制局の存在感も別格だった。

これに対し、現在は、官邸からのトップダウンで政策の方向が先に決まることが増え、各省間の協議は大幅に減った。縦割りは薄れた一方、執行現場で把握した担当係の知見が吸い上げられる機会が乏しくなり、政治的発注に対して下請け的な無理をしなければならない場面も増えている。政治主導の下でも、大臣の国会答弁に際し一言一句まで詰めた想定問答の準備を官僚に求める慣例は変わらない。

また、昭和末期までは情報優位が官庁の力の源泉であったが、現在は、情報公開法の施行やインターネットの普及により、誰にとっても情報の入手と伝播が容易となった。知見の優位が失われる一方で、複雑高度化する多様な課題に対しては迅速できめ細かい対応を迫られる。行政ニーズの急増にもかかわらず、定員の縛りは依然として厳しい。

総じていえば、世間の物差しに沿って官僚の働き方は全般的に合理的になり、公務が民間よりも有利となっていた部分の多くは廃止された。一方で、民間にない固有の制約はさらに強まり、特に政治的命令への応答は労働者としての保護を超えた聖域となっている。働く時間でみれば、おそらく昭和末期の方が長かったが、当時は若手も含めて政策設計や政策協議に主体性を発揮でき、企画開発業務的な自由度も大きかったのに対し、現在は政治の指示やトラブルに対応する受け身の仕事が増え、精神的疲弊が強まっている。

こうした現状について、元財務官僚である田中秀明は、城山三郎が１９６０年代初頭の霞が関を描いた『官僚たちの夏』と対比して、『官僚たちの冬』と評している（田中 2019）。官僚の仕事において、昭和期に比べて負荷がより高まり、手ごたえを感じられる時期がより遅くなり、政治からの要求がより強まっているのは確かである。

ただ、負荷の増加は企業とも共通する現象であり、現代社会における公務の宿命として不可避でもある。むしろここで着目すべきは、「職業としての合理性があるのか」、すなわち「職責と処遇との適切なバランスが取れているか」という点にある。

次章では、ここで紹介した官僚の働き方をめぐる様々な変化がいつ、なぜ生じたかを示すとともに、国民に対する良き行政の提供という目的に照らして、現状の仕組みが最適なものとなっているかを考察する。

第2章　平成期公務員制度改革
——何が変化をもたらしたのか

前章では、昭和末期から令和初期までの官僚の変化について、働き方の枠組みについては官民均衡が強調される一方で、仕事内容については官邸主導の下で政治的応答への要求が強まり、この部分が労働者としての保護を超えた聖域となっていることを示した。こうした変化の背後には、社会情勢を踏まえた漸進的見直しと、政治的なイニシアティブによって進められた構造的な改革との双方が複雑に絡み合っている。

行財政改革が政権の重要課題となったのは１９８０年代からであり、「増税なき財政再建」が掲げられて国鉄民営化などが進められる。１９９０年代になると、選挙制度改革を含む大規模な政治改革や省庁再編の法案が成立し、２０００年代以降はその仕上げとして公務員制度改革が企図された。そこでの主眼は、政治主導にふさわしい「政」と「官」との新たな関係の構築と、占領下で導入された第三者機関による人事統制からの脱却であった。また、この時期には行政手続法（１９９４年）、情報公開法（２００１年）、政策評価法（２００２年）、公文書管理法（２０１１年）など、従来の行政の常識を大きく変える新制度も次々に施行されている。

本章では、公務員制度をめぐる改革で何が目指されていたのか、そして、改革によって行政運営や官僚行動に狙い通りの効果が生じているのかを見ていきたい。

1　近代官僚制の創設から昭和末期まで

平成期に何が改革すべき課題とされたのかを理解するために、まず、明治から昭和期までの公務員制度の流れを簡単にまとめておく。

日本の近代官僚制は、明治維新後の1885(明治18)年、帝国憲法の制定や議会制・政党政治の確立に先立って、内閣制度の創設と併せて整備されている。官僚制設計に当たっては、後発の立憲君主制国家という共通性があるドイツ・プロイセンが範として選ばれた。

官僚は「天皇の官吏」として国民ではなく天皇に仕え、部分利益たる政党政治の上に超然として立ち、全体利益を体現すべきものとされた。天皇との身分的距離に応じて勅任官、奏任官、判任官の区別も設けられ、官吏のほかに私法上の契約で雇われる雇員、傭人という身分もあった。官吏の任用は勅任官(各省大臣、次官、局長等)を除き試験任用とする方針が早々に示され、1888年には第一回の公開競争試験が実施されたが、その背景には、当時の伊藤博文内閣が藩閥政権への批判をかわす必要があったこと、1890年の議会開設を控え、良質の官吏を得ることで議会に対し行政の絶対性を確保する必要があったことが挙げられている（平成15年度人事院年次報告書）。

1898（明治31）年、初の政党内閣である大隈重信内閣の下では、自由任用たる勅任官の範囲を拡大した上で、政党員を各省幹部に大量任用する猟官が進んだ。何度か揺り戻しを経た後、1918（大正7）年の原敬内閣からは再び自由任用の範囲が拡大し、治安を担当する内務省警保局長、警視総監も政変ごとに内閣と進退を共にするようになった。内務省所管の官選知事や警察署長なども猟官で任用され、選挙干渉も目立つようになる。その後、政党内閣が崩壊して時局が緊迫する中、1934（昭和9）年に内閣書記官長、法制局長官、各省政務次官、各省参与官及び秘書官のみを自由任用とする改正が行われ、これが終戦まで続いた（前掲）。

一方、第二次世界大戦後はGHQ（連合国最高司令官総司令部）の主導により「天皇の官吏」の民主化が図られ、米国型公務員制度が新たなモデルとされた。1946（昭和21）年11月に来日したブレイン・フーヴァーは、給与制度設計の支援を期待して招聘した日本側の意図を大きく超えて、本国では実現しなかった理想の公務員制度を日本に導入しようとした。この時期は、米国における人事委員会（Civil Service Commission, CSC）の最盛期に当たり、全省庁共通の客観的基準による職務分類に基づく科学的人事管理が目指されていた。フーヴァーは、公正で効率的な行政を日本に実現することを目指し、米国では歴史的経緯から大きな比重を占めている政治任用の範囲を最小限にとどめる一方、ＣＳＣをより強力にした機関として人事院（National Personnel Authority）を設け、政党政治の介入から公務を遮断する役割を担わせるとともに、同院に人事行政設計の機能を集中して各省調整も行わせることにした。また、新憲法下ではすべての勤労者に労働基本権が保障されたが、フーヴァーは公務員には労使交渉を禁じ、代わりに労働条件の官民均衡を確保する役割も人事院に託そうとした。

１９４７（昭和22）年、フーヴァーの休暇帰国中に社会党の片山哲内閣の下で成立した国家公務員法（以下、「国公法」）は、公務員の労働基本権制約規定を設けず（ただし、前年10月施行の労働関係調整法第38条により、現業以外の公務員の争議行為は禁止）、原案の人事院よりも権限が縮小された人事委員会を設置するなど、フーヴァー原案からは離れた内容となっていた。しかし、一斉スト突入を目前にした１９４８年7月、連合国最高司令官マッカーサーが芦田総理に官公労のスト違法化措置を命ずる書簡を出し、暫定措置として政令２０１号によって公務員の争議の一律禁止が行われた。この方針に沿って１９４８年12月、ほぼ原案に回帰する形で大改正された国公法が公布され、ここから戦後公務員制度が事実上スタートする。

しかし、霞が関では、既に長年にわたってドイツ・プロイセン流の内部育成型の運用が定着しており、国公法制定後も、各省は人事慣行を変える必要性を感じていなかった。CSCが成績主義に基づく採用を初めて米国にもたらしたのに対し、戦前から法制局が実施する採用試験が根づいていた日本では、独立第三者委員会を要しなかったのである。また、個々人の職責をあらかじめ詳細に明示することを要する職階制や公募原則も、民間も含めた日本の労働慣行とは全く相容れなかった。これが戦後長きにわたって続いた、制度の建前（米国型）と実際の運用（ドイツ型）との乖離の発端である。

さらに、GHQの庇護と圧力を背景に、人事院が本省課長級以上の各省現役官僚に筆記試験（S—1（エスワン）試験）の受験を強制したこと、各省に職務分類作業をさせて職階制の導入を強行しようとしたことは、各省との大きな軋轢《あつれき》を呼んだ。このため、占領終結を控えてリッジウエイ声明が出された1951年以降、人事院の廃止・再編を求める答申が続き、それらを反映した国公法改正法案も五度にわたって国会提出され、いずれも成立には至らなかったものの、その実現は時間の問題だと思われていた。

有力な支援者を欠いていた人事院がこの危機を乗り切ったのは、第三代総裁に就任した佐藤達夫の手腕が大きい（嶋田 2021）。内務省出身の高名な法制官僚であり、日本国憲法や国公法の制定にも中心的な役割を果たしていた佐藤は、人事院の機能のうち、各省や政治との軋轢が避けられない機能の発動は自粛し、給与など公務員の勤務条件の確保に向けた機能を前面に押し出す戦略により、ＧＨＱの置き土産である人事院の生き残りを図った（前掲）。１９６５年に、中立機関である人事院と共存するもう一つの人事行政機関という形で、使用者側を代表する人事局が総理府内に新設（その後、組織再編に伴って総務庁人事局、総務省人事恩給局と変遷）されたことで、人事院の廃止論はひとまず収まった。

戦後公務員制度については、人事院と各省との軋轢に加え、公務員の様々な権利に制約を加えたことに対する憲法上の疑義も絶えなかったが、労働基本権の制約と憲法第28条との関係については１９７３年の全農林警職法事件判決（昭48・4・25）、政治的行為の禁止と憲法第21条との関係については１９７４年の猿払事件判決（昭49・11・6）という二つの最高裁による合憲の「お墨付き」が得られたことで、創設後四半世紀を経てようやく安定期に入る。

前述のように、国公法は、政党政治から独立した第三者委員会が、①労使双方から中立な立場で、公務員の勤務条件を社会一般の情勢に適合させる、②政治的に中立な立場で、公務の中立公正性を担保する、という二つの立場を併有して人事制度の設計・実施を担う形を意図していた。二つの立場の違いを図示すると次の図２―１のようになる。

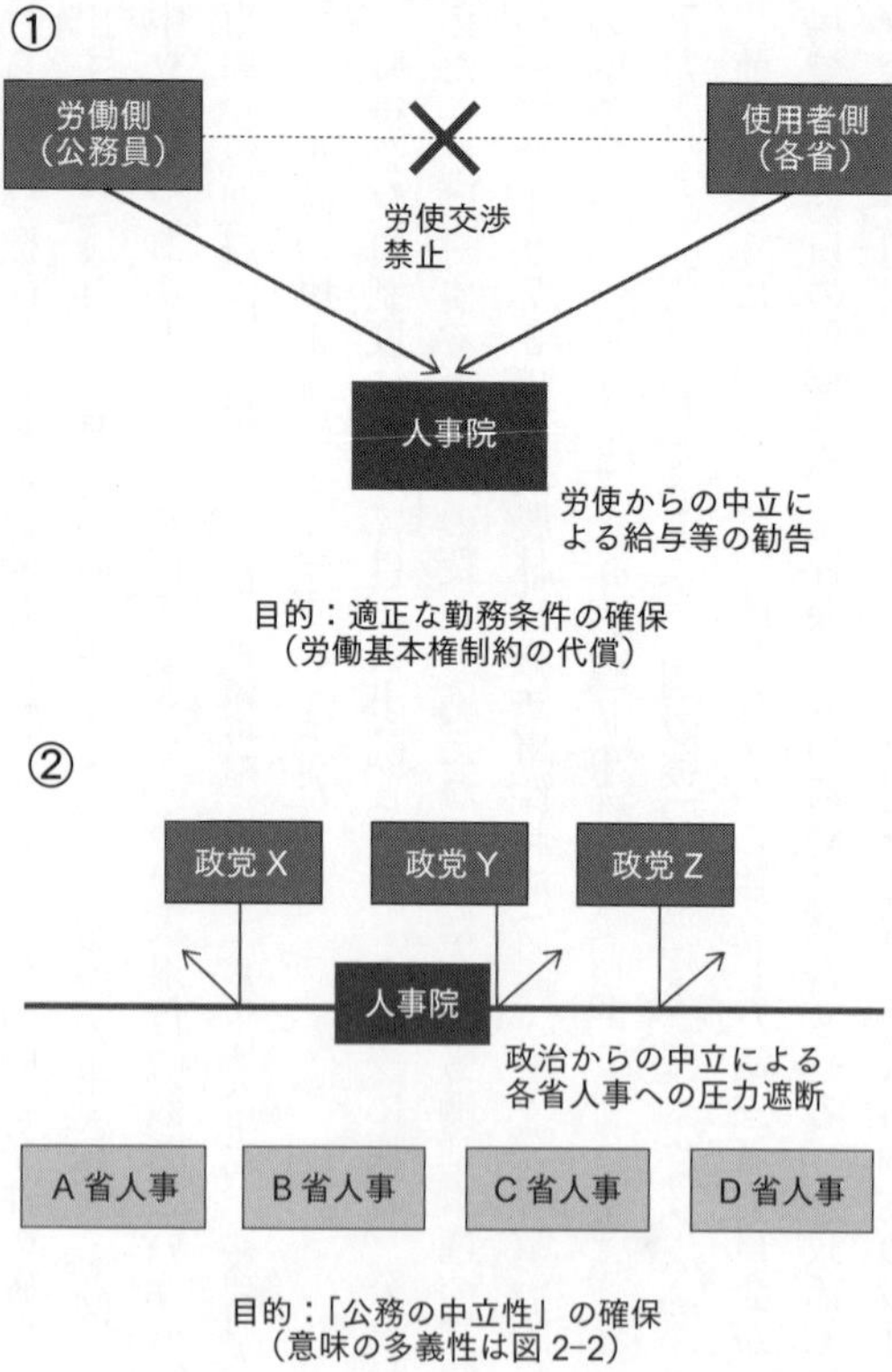

図 2-1　人事院の 2 つの立ち位置
出典：筆者作成

このうち①については、毎年の給与勧告という形でそれなりに社会の注目を集める機会があった。一方、②については、政治との対峙《たいじ》も要する第三者機関の本来的機能であるにもかかわらず、佐藤達夫総裁の下で摩擦回避路線が選択されたことに加え、55年体制下での政官関係の安定もあって、公務外ではほとんど意識されなくなっていき、採用試験の折に学生の間で認知される程度にとどまった。

①の役割が突出した状況が定着するにつれ、与党政治家の間では、人事院は「公務員の利益保護を担う（大臣を戴《いただ》かない）格下の行政機関」と認識されるようになる。各省にとって、人事制度を第三者機関に委ねる仕組みは使用者責任から解放される利点があった一方、個別人事への規制を受ける煩わしさが常に残ることとなった。また、労働組合にとって、労使交渉は自らの存在意義とも言うべき機能であり、人事院の勧告制度を廃止して憲法上保障された労働基本権を取り戻すことが官公庁労働組合の悲願となった。

さらに、全農林警職法事件判決と猿払事件判決とが近い時期に出たことは、しばしば①の「（労働基本権制約を担保する）労使からの人事院の中立」と②の「（各省人事への政治的圧力の遮断を担保する）政党政治からの人事院の中立」との混淆を招いた。しかも、後者は、③「政党政治からの公務の中立」という目的を担保する「手段」であるため、本来は別々であるこれら二つの

「中立性」の意味が明確に切り分けられず、「メビウスの帯化」とでも呼ぶべき議論の混線が国会でもしばしば生じた。この混線は、のちの平成期公務員制度改革の際でも議論が嚙み合わず、共通理解が深まらなかった一因となっている。詳細は拙著(嶋田2020a)に譲る。

戦後日本の状況に目を向けると、1950年代半ばから1973年にかけて高度経済成長期が続くが、石油危機等によって低成長(安定成長)期に移行する。1955年の保守合同で成立した自民党政権が安定する中で、1960年代初頭から、法案・予算に関して国会提出の閣議決定前に与党の了承を要する事前審査制が定着していく。内閣・与党の二元構造や事前審査制は他国にも例がないわけではないが、日本では与党政務調査会という非公開の場で、各部会議員と(内閣ではなく)各省官僚との協議という形を取ったところに特色がある。

1961年に行政運営の簡素化・能率化を目指す臨時行政調査会(臨調)が発足し、1969年には総定員法が制定される。1981年に設置された第二次臨調の下では財政再建に向けた行政改革が始まり、国鉄など三公社の民営化に加えて、行財政の合理化の一環として1982年から3年間にわたって人事院勧告の凍結・値切りが実施される。一方、この頃はKDDや鉄建公団などの不祥事があったとはいえ、官僚に対する国民の信頼は低くなく、政権と官僚との関係も総じて安定的だった。この時期には大幅な貿易黒字が継続し、米国等との経済摩擦解消に向けた内需拡大も重要な政策課題となっており、公務主導で週休二日制が実施されたのも構造改革の牽引を求める動きの一環である。

しかし、1988年に発覚したリクルート事件では、有力政治家の多くが未公開株譲渡による資金提供を受けていただけでなく、文部省、労働省の両前事務次官まで収賄で逮捕される。1989年1月には昭和天皇が崩御、平成期が始まる。7月の参院選では、4月に導入された消費税への不満やリクルート事件による政治不信が強まっていたこともあり、自民党は改選議席だけでみれば社会党を下回り、過半数を失う惨敗を喫する。この時期から、政治腐敗を生む構造の見直しが課題となり、候補者本位の中選挙区制を、政党同士が政策を掲げて競う形に転換することを目指した大規模な政治改革が始まる。

1990年代初頭からは、冷戦の終結とグローバル化の急激な進展など国際情勢が激変する一方、国内では少子高齢化がさらに進展する中でバブル経済崩壊後の経済停滞が続いた。住専の不良資産の後処理等をめぐる不手際や薬害エイズなど政策の失敗が次々と発覚し、官僚の能力に強い疑問が呈されるようになった。加えて、1995年の大蔵省過剰接待、96年厚生事務次官の収賄逮捕、98年大蔵省金融接待など、行政の公正性に疑問を抱かせる官僚の不祥事が相次いだことで、「鼻持ちならないが、有能で清廉性は高い」という長年の官僚評が一気に失われる。1998年末の世論調査によれば、官僚を「信用できる」「ある程度信用できる」と答えた者の割合は16％で、政治家の19％を下回っている（朝日新聞1999年元日「見えぬ明日、頼りない国　日本の将来は？・」）。この時期を機に、「それまでは自信に溢れて闊達だった職場の雰囲気が沈んできた」という現役官僚の証言もある。

こうした中、衆議院小選挙区比例代表並列制の導入や政党活動への助成金支出等を規定した政治改革関連法案が1994年に細川連立政権の下で成立し、続いて公務員制度改革が大きな政治アジェンダとなっていく。

2　改革を考える枠組み

公務員制度改革に向けた具体的検討は1990年代後半に始まり、2014年の国公法改正でひとまず決着をみたが、その過程で目指されていた方向性には様々なものが混在していた。また、政治に対する官僚の位置づけをどう変えるかについても、様々な選択肢があり得た。この改革の意義と帰結の分析に入る前に、この2点について整理しておきたい。

①三つの改革ベクトル

平成期の公務員制度改革は、第三者機関による統制を基本とする戦後人事行政への不満から始まっている。改革を通じて各省が望んだのは人事に関する規制緩和・分権化（ベクトルⅠ）、政権が望んだのは各省人事の集権化（ベクトルⅡ）、公務員労働組合が望んだのは労働基本権回復による自律的労使関係の確立（ベクトルⅢ）であった。同じ不満から出発したにもかかわらず、様々な利害関係者がそれぞれ異なる着地点を目指していたことが、不安定な政権運営とも相まって、改革を長期にわたって迷走させる原因となる。結論を先取りすれば、最終的に実現したのは、「政治主導こそ民主制理念の体現である」という主張に支えられたベクトルⅡであった。

一方、公務員制度改革によって世論が望んだのは、省益と結びついた天下りの根絶であり（嶋田 2021：149）、これが後に「改革反対は天下り擁護」という論調につながっていく。

②六つの官僚類型

政治に対する官僚の立ち位置としては、村松岐夫らの意識調査に基づき抽出された3類型が知られる。村松らは、1976～77年、1985～86年、2001年の三度にわたって行った大規模な官僚意識調査によって、「国士《こくし》型官僚（古典的官僚）」が、族議員と密接な関係を保つ

「調整型官僚(政治的官僚)」に変化していき、その後、首相や議員の力が高まる中で必要最小限の仕事だけしようとする「吏員型官僚」も新たに出現したことを示している(真渕 2010)。こうした官僚の役割変化を村松らは対政治・対社会という二つの面から重層的にとらえようとするが、平成期公務員制度改革の核心が政治からの統制強化であったことに鑑み、本章ではそのうち「対政治」の側面に焦点を当てて深掘りしてみたい。

明治期以来、官吏の役割は政党政治から超然とした政策形成とされてきたが、戦後、新憲法と国公法が施行された後も、官僚が政策立案や制度設計に積極的な役割を発揮することは当然視されていた。戦前の超然官僚の意識を引き継ぐものが「国士型官僚」であり、政党政治から自律して、全体利益のために政策形成を担うことが自らの使命と考える。

一方、1955年に保守合同によって創設された自由民主党が政権を担う状態が長期化した1970年代以降、同党と密接な「スクラム」(村松 2010)を組みつつ、政治と対等な立場で政策活動に従事するものが現れる。「調整型官僚」である(真渕 2010)。目に見える場で活発に動くのは官僚なので、自律性が高いように見えるが、実は拒否権を握る政党側の意向を踏まえており、活動量の多さと自律性とは必ずしも一致しない。また、政官それぞれが一枚岩でがっちりと協働する形ではなく、政務調査会部会などを通じて特定政策分野のクライアントとなった族議員と各省との割拠型の結びつきであるのも特徴である。「調整型官僚」は「政治的官僚」とも呼ばれるように、族議員の力に支えられて、利害関係者間の調整など他国であれば政治家が担う領域でも積極的に動く。

一方、1990年代後半、政治と社会からの圧力の高まりによって調整型官僚が挫折し、結果として自己防衛的に生まれたのが「吏員型官僚」である(前掲)。公益実現に消極的で、調整や決定に伴う責任を回避し、政治の決定に従うというタイプで、自律性も活動量も低い。

上記3類型の違いは、政治からの自律性と官僚の政策活動への関与度とに着目して「自律性が高い・低い」「政策立案への関与が高い・低い」という二つの軸にあてはめると、よりわかりやすくなる。自律性も政策関与度も高いのが国士型・古典的官僚であり、双方が低いのが吏員型官僚となる。調整型官僚は、どっぷりと政治の領域に浸かって活動量は引き続き高いが、自律性の面では国士型官僚よりも低い。

この二つの軸は、行政学上、公務員の役割規範の一つとされている「中立性」の解釈を考える上でも役立つ。「公務の中立性」という言葉は日本では解釈が確立しておらず、公務員制度改革期の国会でも、人によって解釈が違うことが意識されないまま与野党双方で用いられたことが、論争のすれ違いの一因となっている(嶋田2020a)。

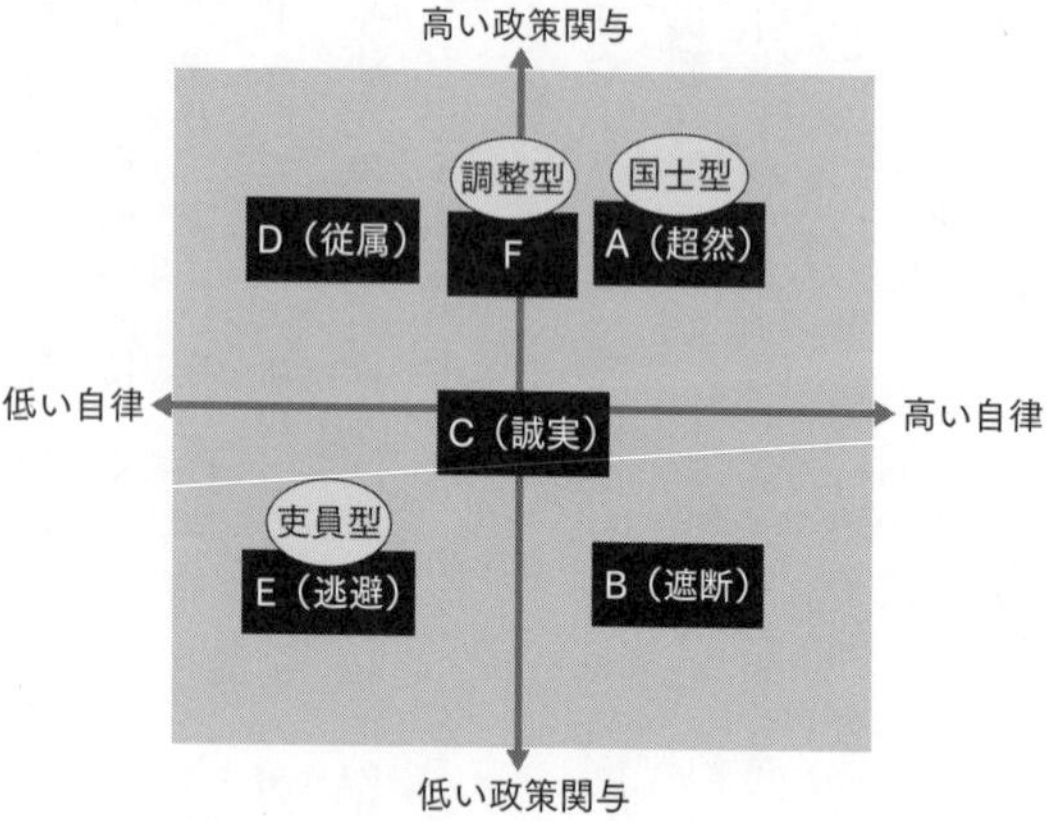

図 2-2　官僚の政策への関わり方と政治との関係
出典：嶋田 2020a を基に作成

日本における「中立性」の実際の用法を仔細に読み込んでいくと、政治からの自律性も政策への関与度も高い「A・超然」(＝国士型)、自律性は高いが政策関与度が低い「B・遮断」、関与度は高いが自律性が低い「D・従属」、双方とも低い「E・逃避」(＝吏員型)、さらに、双方とも中間的な「C・誠実」という五つの解釈が析出される(前掲)。なお、調整型官僚は、政治との深い関わりを当然視しているため、自らはいかなる意味の「中立性」にも当てはまらないと考える傾向にあるが、位置づけとしてはAとDの間となる(F)。これらの関係を図示すると図2―2のようになる。

さらに、こうした官僚の役割認識を政官の上下関係という視点でみると、各タイプはややデ

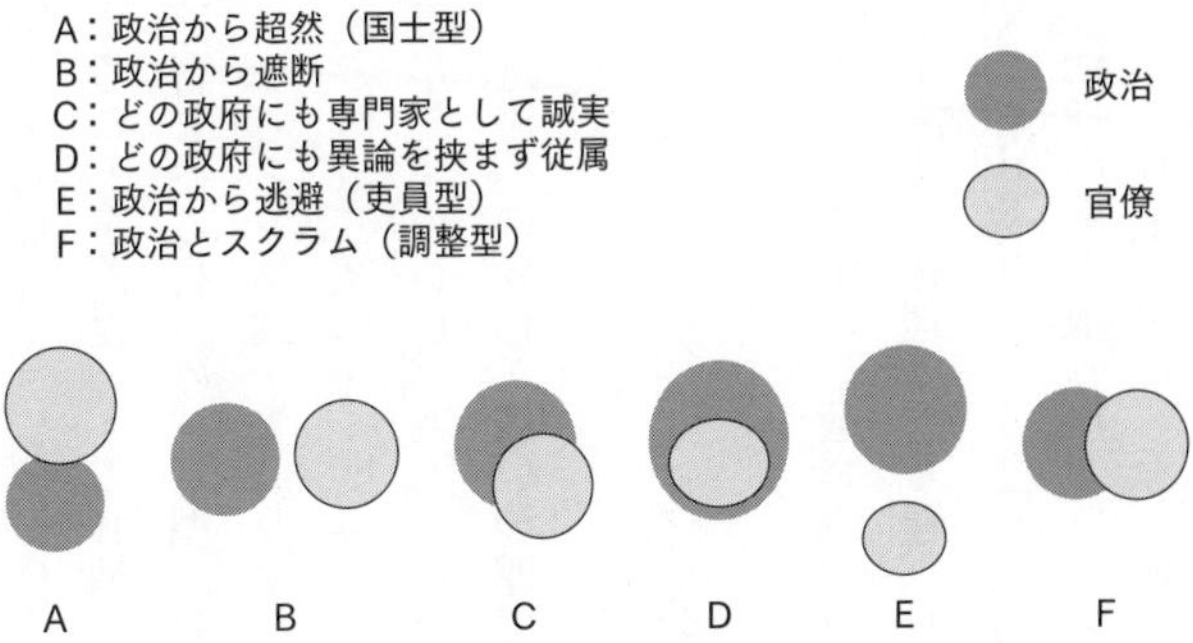

図2–3　それぞれが想定する政官の上下関係
出典：嶋田2020aを基に作成

フォルメした形で図2—3のように図示することもできる。

第1章で参照点とした1986年は、調整型官僚が多数を占め、官僚が政治と対等の立場で政策形成に当たるという自負を持っていた時代の末期である。族議員と深く付き合いながら利害調整を担い、より良い社会に向けた施策を提案することが官僚の本務と考えられ、政治家の意図を摑んでいかに的確に説明できるかが優秀さの証とされていた。インターネットで情報を入手できる時代はまだ到来しておらず、関係団体の意向を聴き、主要国の情勢を勉強することで、情報や知見の優位性を確保するのも官僚の主たる務めだった。

ただ、活発な政策形成活動に従事する調整型官僚（F型）は、相次いだ不祥事や政策の失敗もあって、次第に民主制原理に沿わない越権として批判されるようになる。

国士型官僚（A型）が現代民主主義とは相容れないのは言うまでもなく、官僚が執行業務に専念することを前提とするB型は、そもそも現実には不可能に近い。となれば、政治主導の時代に適合し得る官僚は、C型、D型、E型のいずれかに絞られる。

こちらも結論を先取りすれば、平成期公務員制度改革は官僚をD型の従属、すなわち「引き続き政策立案に深く関与するが、政治からの自律性はない」という立ち位置に動かす狙いで決着した。しかし、実際にD型に移行したのは幹部官僚など一部に限られ、狙いとは異なるE型の逃避への変化が広い範囲で生じている。

3　時系列でみる改革

1993年の総選挙後、自民党は依然として最大政党であったにもかかわらず、日本新党の細川護熙を総理とする連立政権の成立によって結党後初めて下野するが、1994年には社会党の村山富市党首を担いで連立政権に加わり、1996年1月からは橋本龍太郎政権の下で再び総理の座を取り戻した。

同年10月、小選挙区比例代表並立制導入後初めての総選挙が実施され、自民党と新進党が政権を目指して戦う形が軸となった。省庁再編などの行政改革を掲げて勝利し、発足した第二次橋本内閣は、「行政」「財政構造」「社会保障構造」「経済構造」「金融システム」、さらに「教育」を加えた六つの法制度的改革を掲げた。なお、1997年4月には消費税が3％から5％に引き上げられている。

行政改革に関しては、橋本総理自らが会長を務める行政改革会議の下で、まず、縦割りをなくし、首相のリーダーシップを強化するための中央省庁再編の検討が進められ、1998年に中央省庁等改革基本法が成立、2001年1月から内閣府と12省庁体制がスタートすることとなった。公務員制度改革は、1997年12月に提出された行政改革会議最終報告の中に柱の一つとして盛り込まれ、ここから具体化に向けた検討が本格化する。

①橋本政権――新たな省庁体制への「魂」入れ

「行政改革は、内閣機能の強化と省庁の再編成とともに、人材・任用に係る制度の改革によって達成されるものである」(行革会議最終報告)という文言に示されるように、公務員制度改革は、新たな省庁体制への「魂」(橋本総理)、新しい器に注がれる新しい酒と位置づけられた。同報告では、公務員制度改革において、多様な人材の確保等のほか、「各任命権者による人事管理をより弾力的なものとする等人事院による統制の緩和を進める」という分権・規制緩和が強調される(ベクトルⅠ)。同時に、人材の一括採用や、内閣総理大臣の担う「各任命権者の行う人事管理の事務の統一保持のために必要な機能」など、総理の下への人事集権化も打ち出されている(ベクトルⅡ)。

この報告を具体化するために総理から諮問を受けたのが学識経験者による公務員制度調査会であるが、同調査会は、1999年3月、政治の政策決定を支える官僚の能力向上に主眼を置いた答申を出し、第三者機関の規制緩和を進めようとしていた行政改革会議は出鼻をくじかれた格好となった。この間、1998年7月の参院選で自民党は過半数を失い、橋本総理は退陣している。

一方、橋本政権下では、1997年、本省局長以上の幹部人事に関して、内閣官房長官と3人の内閣官房副長官からなる人事検討会議を経た上での閣議了解を必要とする見直しが行われた。さらに、森喜朗政権下の2000年12月には、局長以上人事には内閣承認を要することが閣議決定された。法律上の任命権者は各省大臣であるものの、実際には事務方が自律的に人事を行っていた長年の慣行を変え、政治家である内閣官房長官の事前了解を必須としたものであり、これらが後の幹部人事一元管理導入の布石となる。

なお、構造的な公務員制度改革とは別に、議員立法によって2000年から国家公務員倫理法が施行されている。これは、過剰接待に応じる不祥事が続き、各省が部内規程の整備で対応しようとしたものの収まらなかったことを受け、刑法上の収賄等には至らないレベルでも、官僚が利害関係者から接待を受けることを禁じ、利害関係者でない場合には報告義務を課すとともに、違反に懲戒処分等を課す措置である。また、同年には、任期付職員法や官民人事交流法など、公務の閉鎖性を打破して民間との行き来を促進する見直しも人事院の意見の申出に基づき施行された。

②小泉政権——執政機能の活用と分権もくろみの挫折

2001年1月、橋本行革の成果である「新しい器」、すなわち省庁再編・内閣機能強化と副大臣・政務官制度が始動した。また、国会においては、「それは重要な問題なので、局長に答弁させます」と答えた大臣もいたエピソードで知られるように、官僚が大臣に代わってどの質問でも答弁できる政府委員制度が長年存在していたが、副大臣制度の創設に先立ってこの仕組みも廃止され、官僚の答弁は、毎回、国会の各委員会が政府参考人として個別に認めた場合に限られることになった。

同年4月、派閥の支援に頼ることなく国民的人気によって総理に選ばれた小泉純一郎は、「自民党をぶっ壊す」というフレーズを掲げ、総理の持つ人事権と解散権を活用して族議員の力を削いでいった。

政策面では、省庁再編による執政機能の強化の一環として新設された内閣府、とりわけ同府に置かれた経済財政諮問会議を活用することで、予算や重要政策に関する与党の事前審査制と各省縦割りを排してトップダウンを進めた。同政権の特徴は、こうした会議の議事録即時公開など、意思決定過程の透明性を強調することで世論の支持を得た点にある。情報公開法(2001年)、政策評価法(2002年)が施行されたのもこの時期に当たる。内閣府には各省から有能な人材が集められて官僚の能力を使いこなす方針が取られたが、政治と官僚全体との円滑な関係の維持には、内閣官房副長官(事務)である古川貞二郎(2003年からは二橋正弘)の調整力が大きかった(清水 2009: 145)。

なお、与党の族議員が政権の頭越しに各省官僚に指示する慣習に関しては、外務省と結びつきが強かった鈴木宗男議員が斡旋収賄罪で逮捕された不祥事を契機に、2002年7月、「政・官の在り方」が閣僚懇談会申合せで決定され、官僚は行政府外の族議員ではなく大臣・副大臣等に従うべきことが強調された。

一方、新しい行政組織の「魂」となるべき公務員制度改革に対しては、小泉首相の関心はほとんどなかった（牧原 2013：180）。それもあってか、２００１年12月に閣議決定された公務員制度改革大綱は、小泉政権のトレードマークであった総理への集権化とは逆方向であり、具体策としては、再就職に関する人事院承認制度の廃止と各省大臣承認制への移行、能力等級制導入による給与と昇進の分離、Ⅰ種試験合格者数の大幅拡大等が中心であった。優秀な人材の採用が難しくなっている事態に危機意識を抱いた経産省などの主要省が主導し、第三者機関による一律の人事統制を弱めて、政治家として「国民に対して行政運営責任を有する」各省大臣の裁量を高める分権化（ベクトルⅠ）が目されていた。

しかし、短期間で交代する大臣が指導力を発揮するのはごく例外的であることは広く知られており、この大綱が「政治主導」という名目の下で、官僚群の自律性拡大、規制緩和・各省分権化を目指していることは明白だった。こうした本音が滲《にじ》む大綱に対しては、「事実上の大下り自由化」などといった各界からの批判が高まった。特に、有識者からなる21世紀臨調（新しい日本をつくる国民会議）が「首相を中心とする内閣主導に逆行する」「各省セクショナリズムをこれまで以上に強化する」と緊急提言を出して大綱を批判したことが、その後の改革を分権化から集権化に動かす原動力の一つとなった。

さらに、この大綱は、意図せずして自律的労使関係の確立に向けた運動を喚起することにもなった。項目の一つとして、新たな人事評価制度の導入と併せて、若手を抜擢しやすくなる能力等級制度の創設が盛り込まれていたが、これは、職責と給与とが連動するそれまでの職務給原則に代わり、給与と昇進を切り離すことによって、昇進人事に対する人事院の事実上の事前査定である給与の級別定数(各省ごとの昇格枠)管理を不要にする狙いである。しかし、この能力等級制は、労働基本権を制約したまま勤務条件の決定を使用者側に委ねるものとして、職員団体の激しい反発を呼び起こす。「勤務条件の決定方法の根幹を見直す改革には労働側も関与する権利がある」という組合の主張には憲法上の裏付けもあり、政府側も、第三者機関による勤務条件設定方式の維持か労働基本権の回復か、という二者択一であることを認識するようになる。職員団体は、労使問題を扱うＩＬＯ(国際労働機関)にも提訴し、２００２年11月のＩＬＯ結社の自由委員会中間報告で、「政府は公務員の労働基本権に対する現行の制約を維持するとの考えを再考すべきである」「公務員制度改革の理念及び内容について、より広範な合意を得るため、全ての関係者と十分な協議が速やかに行われるよう強く勧告する」などといった日本政府への意見を引き出す。

内容に係る各方面からの批判に加え、不透明な作成プロセスや特定省の裏関与に関する内部告発（無署名 2002）もあって、この大綱は結局実現には至らなかった。ただ、提言項目のうち、人事評価の導入と処遇への反映は受け継がれ、前者は２００７年の国公法改正、後者は２００５年の人事院勧告に基づく給与構造改革に反映された。また、意義の乏しい介入として各省から不満の強かった人事院の個別承認については基準化・包括承認などによる簡素化が進められた。さらに、天下りに対する世論の批判の高まりに対応して、２００２年、上級・Ⅰ種採用者の早期退職慣行を是正し、より長く公務部内で働き続けることができるよう、閣僚懇談会申合せが行われた。

③第一次安倍政権から麻生政権まで――改革基本法の成立

２００６年に発足した安倍晋三政権は、「お友達内閣」とも評されたように、親しい政治家を内閣官房長官や総理補佐官などに登用し、各省大臣の頭越しの官僚統制を図った点に特徴がある。内閣官房副長官（事務）に、霞が関を離れて長い高齢の的場順三を起用したことも、政治と官僚群との円滑な関係作りを難しくしたとされる。また、官僚の専門知識の発揮は各省への忠誠心の表れとして警戒され、内閣府や内閣官房で官僚を使う際にも、出身府省での専門能力が活かしにくい部門に意図的に配置された（清水 2009：150）。

同政権は、政治主導の目に見える成果として、公務員制度改革大綱の挫折以来滞っていた国公法改正を急ぎ、２００７年、新たな人事評価の導入と再就職規制の見直しの二つを柱とする改革を成立させた。前者は、従来の勤務評定に代えて、職務遂行に当たって発揮された能力評価と目標管理型の業績評価を毎年行うこととするもので、能力評価の基礎となる官職ごとの「標準職務遂行能力」も新設されたことに伴い、60年間、一度も実施されることがなかった職階制が廃止された。後者に関しては、人事院の事前承認制度が廃止された一方で、各省による斡旋禁止や退職者からの働きかけ規制等が新設されて、内閣府に置かれた再就職等監視委員会が遵守をチェックする形に移行した。ただ、自力による再就職や役所を経由しない斡旋は禁止外とされたため、天下りの全面禁止を望んでいた世論の批判は収まらなかった。

また、公務員の勤務条件については、「倒産もないのに恵まれすぎ」などの世論の批判を意識して、政権や与党から中小企業や地場産業も含めた官民間の均衡強化(イコールフッティング)の要求が強まる。給与の官民比較については、２００６年、それまでの１００人以上規模から50人以上規模企業への比較対象の拡大が行われ、総務省が所管する退職手当についても、従来の大づかみの調査に代えて、退職給付全体(退職手当と年金との総額)で給与に準ずる比較を行うよう人事院への依頼が行われ、厳密な官民均衡を図る見直しが始まった。

さらに選挙対策として打ち出されたのが、小泉政権下で「ぶっ壊す」相手とされた「自民党」を「霞が関」に置き換えた激しい官僚バッシングだった。ただ、長年政権の座にあり、上司としての責任を有する自民党が行うこうした官僚叩きについては、「天に唾するもの」との批判もあった(前掲：218)。

この時期には、小さい政府を目指して「公務にも民間並みの厳しいリストラを断行すること」が強調されたが、その実現の手段として「自律的労使関係の確立」(ベクトルⅢ)が持ち出されたことが注目される。本来、労働者の処遇を守る手段であるはずの労働基本権を付与することで、処遇切下げが意図されたのである。「民間と同じ労使交渉方式に切り替えれば、第三者機関の勧告による保護から外れる」「使用者たる政権が世論の圧力を背景に強気の交渉をすれば、組合の抵抗を制圧し、厳しい人員削減・給与引下げを進められる」という論法で、政治的統制と自律的労使関係の組み合わせを通じた「官民均衡を下回る処遇の実現」という方程式が描かれる。ただ、主要国においては、恣意的免職の禁止は成績主義原則と一体をなすものと解釈されており、労働基本権と結びつける主張は奇異であった(第3章1参照)。

この間、社会保険庁で該当者不明の年金保険料納付記録が数千万件も判明して、ずさんな業務運営が国民に大きな老後不安を与え、複数大臣の不祥事ともあいまって、２００７年の参院選で自民党は大敗する。衆・参で最大政党が異なるねじれ国会の始まりである。なお、社会保険庁は2009年12月末に廃止されて翌日から非公務員型の日本年金機構となり、職員525名が移籍できず過員を理由に免職されたが、うち25名は手続に公平性を欠いていたことを理由に、人事院への審査請求の結果、免職が取り消されている。

2007年9月に発足した福田康夫政権では、ねじれ国会の下で主要政策や同意人事が跳ね返される膠着状態が続いたが、公務員制度改革については、与党自民党・公明党と民主党との三党間協議による原案の大幅修正で合意に達し、2008年6月、今後5年間で実現すべき改革プログラムを掲げた国家公務員制度改革基本法（以下、「改革基本法」）が成立した。この改革は、基本理念の冒頭に「議院内閣制の下、国家公務員がその役割を適切に果たすこと」（第2条1号）を掲げており、政策形成を政治主導に切り替える目的で、総理・内閣官房長官の下での一元的な幹部人事管理の導入（第5条）と、その事務を担う内閣人事局の創設（第11条）が最大の柱となっている。

併せて同法には、自律的労使関係制度の措置が規定された（第12条）ほか、多様な人材の登用に向けた採用試験や育成の見直し（第6条）、官民人事交流の推進（第7条）、国際競争力の高い人材の確保育成（第8条）、倫理確立と信賞必罰の徹底（第9条）、能力実績に応じた処遇の徹底等（第

10条）など、多種多様なプログラムが盛り込まれた。ただ、「超過勤務状況の上司の人事評価への反映」と「定年引上げ」が同じ条文（第10条）で規定されるなど、様々な関係者からの要望の寄せ集め感は否めない。

同床異夢の一例を挙げれば、採用試験の見直し（第6条）は、試験区分にとらわれない登用によっていわゆるキャリア・システムを打破する狙いにみえるが、一方で、新設される総合職試験は「政策の企画立案に係る高い能力」を重視すると明記しており、むしろ将来の幹部登用を見越した特殊性が強調されている。また、幹部候補育成課程による総合的かつ計画的な育成を謳いながら、課程への所属で「管理職員への任用が保証されるものとしてはならない」とも規定され、二律背反が表れているようにみえる。2012年から実施された採用試験再編と幹部候補育成課程創設は、この第6条を踏まえたものである。また、労使交渉導入をめぐる第12条も、「便益及び費用を含む全体像を国民に提示し、その理解のもとに」「自律的労使関係制度を措置するものとする」という書きぶりによって、前段を強調すれば消極的、後段を強調すれば積極的に読めるよう玉虫色の決着が図られている。

幹部人事一元管理の導入を掲げた第5条に戻ると、ここには「国家戦略スタッフと政務スタッフの創設・行政機関内外からの機動的登用」のほか、「政官関係の透明化を含め、政策の立案、決定及び実施の各段階における国家公務員としての責任の所在をより明確なものと…するため」の「国会議員との接触記録の作成・保存その他の管理と適切な公開」「各般の行政過程に係る記録作成・保存等が適切に行われるようにするための措置」なども併記され、これら記録の作成・公開が人事一元管理と一体的に位置づけられている。また、第11条では、内閣官房長官はこの一元管理事務等を所掌するとともに、「政府全体を通ずる国家公務員の人事管理について、国民に説明する責任を負う」とされている。

改革基本法制定後、そこで掲げられたプログラムの実現に向けて、内閣に設置された国家公務員制度改革推進本部に、有識者からなる顧問会議(座長:御手洗冨士夫経団連会長)が設けられる。同会議の検討過程で、「人事行政の企画・実施は、国民に対する説明責任を負う内閣人事局が担い、第三者機関は事後監視に特化すべき」というPDCA(Plan Do Check Action)論が突如打ち出され、この視点に立って11月に報告書がまとめられる。同報告書では、公務の公正性確保に向けて、人事に当たって個々のポストのジョブ・ディスクリプション(職務記述書)の明確化とそれに基づく評価も提言されており、基準の客観化による恣意排除が重視されている。

2009年3月に国会提出された国公法等改正法案には、改革基本法に明記された多様な項目のうち、幹部人事一元管理と内閣人事局創設だけが盛り込まれ、他は先送りされた。一方で、改革基本法では言及されていない施策、例えば、試験・研修等の企画機能や級別定数(昇格枠)査定機能を人事院から内閣人事局に移管することなどが盛り込まれていた。この機能移管は顧問会議のＰＤＣＡ論を根拠としたものだが、同時に提言された職務記述書の明確化等は切り捨てられている。

この法案に対し、谷公士《まさひと》人事院総裁は、改革基本法から大きく逸脱していると指摘して慎重な検討を求めたが、甘利明公務員制度改革担当大臣は、同総裁が元郵政事務次官だったことを強調して「役人が大臣に従わないとは傲慢不遜」と激しく批判し、メディアもこれを「政治と守旧派官僚の対立」として連日取り上げ、人事院を「官僚の守護神」と見立てた。しかし、実際には、各省は一貫して人事院の規制縮小要求側であり、「公務員の中立・公正性確保」の呼びかけにも無反応だった(人事院 2009b)。また、この改正法案に天下り是正に関する項目は含まれていなかったにもかかわらず、法案反対を天下り擁護の立場と結び付ける報道もあった。

同法案は２００９年７月の衆院解散によって廃案となり、８月末の総選挙では民主党が絶対安定多数を超える議席を得て、本格的な政権交代が実現する。

④民主党政権——政策形成からの官僚排除

２００９年９月に成立した鳩山由紀夫政権下で顕著だったのは、政策形成からの官僚排除（図２—２の「低い政策関与」、Ｂ型またはＥ型）である。政策決定は国民に選ばれた政治家の役割であるとして、政務三役による意思決定が強調され、官僚は三役の議論への陪席も、関係者への事前調整や対外折衝も禁じられた。しかし、関係者間調整を政治家が代わって担うことはなく、総理も知らない中で各大臣がそれぞれ政策を発信する例が目立った。

また、週２回の閣議前日に開かれていた事務次官等会議が「官僚支配」の象徴として廃止され、内閣官房副長官（事務）から総理らの指示を一斉に伝達する機会が失われた。事務次官等による定例記者会見も廃止され、官僚からの政策発信と質疑の機会もなくなった。国会においては、内閣法制局長官が憲法や法律に係る統一的な政府解釈を述べる慣例が廃止され、法曹資格のある政治家が代わってこの役割を担った。

同政権は、政治主導のモデルとして英国のポリシーユニット（首相直属の政策立案機関）に倣った国家戦略局を創設して、副大臣や政務官のほかにも多くの与党議員が政府内に入って活動する形を予定していたが、局創設は難航を極め、結局頓挫した。また、族議員を作らず政策決定を内閣に一元化する目的で政策調査会（自民党の政務調査会に相当）による事前審査制が廃止されたが、国家戦略局が実現しなかったこともあり、政策論議に参加できない民主党議員の間で不満が広がった（政策調査会は２０１０年に復活）。行政刷新会議による事業仕分けは、国民の面前で各府省の「無駄」を切るイベントとして好評を博したが、歳出削減への効果はごく限られていた。結局、官僚排除へのこだわりによって行き詰まった普天間移設問題が引き金となり（佐々木・清水 2011: 147）、鳩山総理は退陣する。

２０１０年６月に菅直人政権が発足したが、唐突な消費税率引上げへの言及もあって民主党は７月の参院選で大敗し、ねじれ国会の下で政権運営はさらに難しくなる。２０１１年３月、東日本大震災と東電福島原発事故という未曽有の事態に直面した菅総理は、知人を内閣官房参与などに任命し、自ら現場に出向いて細かな指示を出すなど、危機に対しても官僚を排除したミクロマネージメントにこだわった。一方、仙谷由人官房副長官（政務）の下では、被災者支援のための事務次官等会議が各府省連絡会議の形で復活している。

公務員制度改革に関しては、改革基本法の実現に向けた国公法改正法案が２０１０年、２０１１年と続けて提出されたが、不安定な政権運営下で両案とも廃案となっている。この２回の法案は、内閣人事局の創設と幹部人事一元管理を中心に据えている点では自公政権下の２００９年法案と同じであるが、事務次官から局長、審議官までの三段階を「一段階とみなす」ことで、昇任・降任を自由にする規定が盛り込まれた点に独自色がある。一方、野党である自民党・みんなの党が２０１０年に提出した対案では、事務次官を廃止し、局長と審議官は政治任用的な色彩の強い、通常の公務員とは別の人事グループとするなど、２００９年法案よりも政治的統制を強めた内容としている(その後廃案)。与野党の間で、いかに厳しく幹部官僚を統制するかが国民向けアピールとして競われたこの時期を象徴する例である。

また、２０１１年法案には、支持団体である連合の意向も受けて、改革基本法第12条の自律的労使関係措置の実現、すなわち人事院勧告に代えて労使交渉による給与決定への移行、人事院を廃止して内閣府に置かれる公務員庁等に再編する条項も初めて盛り込まれた。

この国公法改正法案提出と同日の２０１１年６月３日、菅政権は、国家公務員の給与カット(平均7・8％)を盛り込んだ給与法改正法案を提出する。これは、その後に提出された人事院勧告が求めた官民均衡のための引下げ(0・23％)を大幅に超えたカットである。労働基本権の代償機能を無視した政府のこの大幅引下げ案に対し、連合系の職員団体は悲願の自律的労使関係確立の約束と引き換えに賛同し、枝野幸男内閣官房長官も、国公法改正法案は提出されただけでまだ成立前であるにもかかわらず、「自律的労使関係確立の先取り」と、法律家らしからぬ説明をした。最終的に、違憲とされる可能性を払拭するために、実際の減額効果は政府提出法案と同じだが、俸給表自体はいったん勧告通りに改定した上で、支給する段階で特例減額を行うという別法案が民主党と自民党・公明党との間で合意されて成立し、２０１２年４月から２年間にわたって減額支給が始まる。一方、交換条件とされたはずの自律的労使関係確立を含む２０１１年国公法改正法案の方は継続審議となったものの、２０１２年11月の衆院解散に伴って廃案となり、職員団体側にとっては食い逃げされた形で終わる。

なお、５年ぶり二度目となる退職給付の官民比較調査を政府から要請された人事院は、２０１２年３月、民間に合わせた退職手当の大幅な引下げ(約15％、平均４０２万円)を求める意見を提出した。通常、こうした引下げは激変緩和のために十分な経過措置を設けて実施するが、この時は２０１３年１月から２０１４年７月までの短期の三段階で切下げを完了し、地方自治体も追随した。人によっては退職手当の引下げ額が年度末まで勤務を続けた場合の給与総額を上回ったため、数多くの小・中学校教員や警察官などが退職手当引下げ前の年度途中に駆け込み退職する事態も生じている。

⑤第二次安倍政権以降――幹部人事一元管理の導入

２０１２年12月の総選挙で野田佳彦首相率いる民主党は大敗し、単独過半数を取った自民党が公明党との連立政権を再び発足させる。第二次安倍政権は、第一次政権とは違い、経産省出身の今井尚哉《たかや》総理秘書官をはじめ気心の知れた有能な官僚を官邸に呼び戻して、いわゆる官邸官僚を通じた各省統制を進めた。事務次官等会議は、野田前政権下で週1回の各府省連絡会議の形で復活していたが、政権交代後は「次官連絡会議」に名称変更され、警察庁出身の杉田和博内閣官房副長官が調整役を担った。同政権下で与党による法案・予算の事前審査制も復活するが、党に総裁直属機関が設置されたことにより、従来の党政務調査会から政権へのコントロールは形骸化された（御厨・牧原 2021: 480）。

公務員制度改革については、国公法改正法案が2013年11月に提出され、二度の政権交代を跨《また》いだ四度目の挑戦にして2014年4月、ようやく成立に至った。改革基本法に明記された多くの措置（政官接触記録、自律的労使関係等）が盛り込まれていない点は2009年法案と同じであるが、改革基本法にないのに2009年法案に盛り込まれて論議を呼んだ項目はほとんど断念され、幹部人事一元管理と内閣人事局創設にほぼ特化した改正となった（級別定数は内閣人事局が所掌した上で人事院が意見の申出を行う事実上の共管）。これによって各府省審議官級以上（警察庁、検察庁、会計検査院、人事院等は業務の性格上除外）の約600人の人事について、総理と内閣官房長官が所管大臣と協議して決定する仕組みが作られた。ベクトルⅡ（政治的集権化）への収斂であり、途中過程で目指されたⅠ（各省分権化）やⅢ（自律的労使関係確立）はひとまず立ち消えとなった。

幹部人事一元管理導入後は、年1回、通常国会閉会後の7月頃に行われる各省幹部人事の後で内閣官房長官による説明が行われるようになったが、個別の登用理由などに触れられることはなく、例えば２０１４年の場合、局長級に昇進した女性４名の氏名と官職への言及等にとどまっている。他方、幹部人事をみると、官邸や内閣官房への出向中に評価された官僚が親元復帰後に高位ポストに就く例が増え、官邸ネットワークに組み込まれるか否かがキャリアパスに決定的影響を及ぼす傾向が明らかとなっている。２０１５年には、菅義偉内閣官房長官が熱心に進めていたふるさと納税の問題点を指摘した総務省の局長が不興を買い、同省の原案とは異なる軽量級ポストに事実上左遷されたことが話題となった。官房長官に続いて総理となった菅は、在任期間を通じて、一元管理対象外の主要課長人事にも影響力を行使している。

国公法改正とは直接関係のない特別職人事に関しても、２０１３年8月の内閣法制局長官の任命、２０２０年9月の日本学術会議における6名の会員の任命拒否は、組織側の自律性を尊重する長年の慣例を意図的に覆し、政府による民主的統制の意図を発信したものであり、「人事から察知させる大臣の意思」（菅 2020: 144）の典型例といえる。

公務員の勤務条件に関しては、民間賃金引上げの効果が反映され、２０１４年から6年連続で給与の引上げ勧告が行われた。定年引上げについては、民主党政権下の2011年に行われた人事院の意見の申出(給与に関する「勧告」に相当)が店《たな》ざらしとなっていたが、2018年に再度、意見の申出がなされ、2021年に申出通りの内容で法案が成立した。

他方、第二次安倍政権の最重要施策の一つとされた働き方改革については、2018年に労働基準法等が改正されて民間企業には罰則付きで残業の上限規制が導入されたのに対し、公務員に関しては罰則の導入はなく、公共の利益のために奉仕する義務が優先されて、特別な場合には上限突破も許される特例が設けられた。人事院は「公務においては必要な行政サービスの提供を中止することはできない」と答弁しているが、こうした特例は、民主的統制下での政治的命令の聖域化とも感じられる。

2020年9月からの菅義偉政権に続き、2021年10月には岸田文雄政権が発足して、直後の総選挙で自民党は引き続き絶対安定多数を得た。岸田総理は「人の話をしっかり聞く力」を強調し、官僚統制を強めた前二代の政権とは異なる印象を打ち出している。

4　平成期改革の帰結

①ベクトルの反映と行政運営への影響

公務員制度改革の過程では「主権者たる国民に対する政治の責任」が謳われたが、具体化に当たっては、各省大臣による分権的統制のベクトルⅠと、総理・内閣官房長官による集権的・一元的統制のベクトルⅡがせめぎ合った。

従来とは明らかに異なる政策形成スタイルが表れたのは、幹部官僚たちの証言によれば、橋本行革で強化された執政機能を活用した小泉政権で、これはベクトルⅡの志向の表れとみることができる。同政権の特徴は、総理主導の政策形成過程を国民に公開し、透明性を高めることによって自らの正統性を主張し、トップダウンで族議員と各省との長年の結びつきを断ち切った点にあり、その典型が郵政民営化の実現である。他方、総理の関心が薄いまま、2001年末に閣議決定された公務員制度改革大綱はベクトルⅠの色彩が強かったが、各省事務方による人事自由化要求(とりわけ天下りの自由化)とみなされて世論の批判を浴び、結局、ベクトルⅡが残る。

他方、この大綱は、公務員の処遇決定についても使用者側の裁量を一方的に拡大する改革を目指していたため、職員団体の反発を招き、自律的労使関係の確立を志向するベクトルⅢも加わってくる。政府側も、第三者機関による統制の排除と、労働基本権制約の維持とは両立困難な課題であることをこれ以降は認識するようになる。

続く2006年から2012年頃までの各政権は、政治的不安定の下で、首相の意図を政府内に浸透させることができず、小泉政権の「成功」が、内閣機能の強化という器に起因するだけではなかったことが明らかとなる。そうした不安定もあってか、歴代政権は官僚への直接的な統制強化に向けた国公法改正に意を注ぐようになる。

第一次安倍政権の下では、給与などの勤務条件に関する従来の官民均衡原則に対し、厳しい経営努力を余儀なくされている民間との均衡をさらに徹底すべきとするイコールフッティング論が生じる。これは、突き詰めれば、「勤務条件決定の仕組み自体も、民間と同様の労使交渉とすべき」というベクトルⅢとも親和性がある。さらに、与党の一部からは、選挙を意識して、人事院勧告制度を廃止し、世論の圧力を背景にした労使交渉による処遇切下げ(ベクトルⅡとⅢの組み合わせ)という奇策も主張されるようになる。

福田政権下の2008年に与野党合意で成立した改革基本法に盛り込まれた諸施策は、ベクトルⅡとベクトルⅢの二つを志向していた。ベクトルⅡの柱として「幹部人事一元管理」を据え、その正統性を支える根拠として国民からの検証可能性、すなわち政策形成過程の記録による透明化と内閣官房長官による国民への説明責任とが示される。同法の具体化に向けて、

2009年(自公政権)、2010年(民主党政権)、2011年(同)、2013年(自公政権)の4回にわたって法案が提出されるが、最初の三つは廃案となる。ベクトルⅡのうち政治的統制を強める部分は4回とも法案に盛り込まれるが、ベクトルⅢは2011年法案にのみ反映された。

2012年末に成立した第二次安倍政権が2013年に提出した法案は、国会における安定多数に支えられて、2014年4月に成立する。これは、改革基本法に掲げられた諸課題のうち、幹部人事一元管理の導入と内閣人事局の創設に絞った内容であり、ベクトルⅡの一部の実現にとどまっている。政策決定過程や政官接触の記録・公開など、政策責任を有する政治が国民から検証を受けることを担保する措置はすべて先送りされた。実現したのは、「官僚を主権者たる国民の検証・統制の下に置く」という改革基本法の発想とは裏腹に、国民から閉ざされたところで政権が専属の手足として官僚を使う仕組みである。

公務員制度改革後の同政権及び菅義偉政権下では、各省の縦割りを超えて政治が求める結果を出せる官僚が重用される傾向が顕著となり、官邸主導が完全に定着した。政策立案の面では、特定秘密保護法の制定(2013年)、国家安全保障会議の設置(2013年)、安保法制関連法の制定(2015年)、働き方改革関連法の制定(2018年)など、イデオロギー対立や多様なステークホルダー間の意見の違いで長年動かなかった領域での大きな制度改革が実現した。執行面でも、官邸の調整によって各省が足並みを揃えて動くことが増え、例えば２０１６年の熊本地震では、各省幹部が即座に現場に入るなど、従来にないスピードで対策が進んだと評価されている。

両政権の運営スタイルには、総理や内閣官房長官の望みが、法令上の指揮命令権を持たない官邸官僚によって各省に内々に伝達され、事後的な開示もされないという特徴がある。政権からの命令の暗黙化である。しかし、前述のように、改革で志向された本来のベクトルⅡは、人事集権化と同時に、「政治的判断の正統性を支える開かれた仕組み」の導入を想定していた。改革基本法には、幹部人事の一元管理導入と同時に、内閣官房長官による人事管理について国民に説明する責任体制の確立(第2条7号、第11条1号)、国会議員との接触記録・公開や行政過程に係る記録の作成保存など、政官関係の透明化を含めた政策責任の所在の明確化(第5条3項)などがパッケージで明示されている。それらはほとんど実現せず、「国民への説明責任」に関しても、年1回、幹部人事後に抽象的な方針説明が行われるにとどまり、個別人事は「適材適所であって、性質上、説明できない」とされる。

行政を国民に開かれたものとする狙いで２０００年代から次々と導入された情報公開法、政策評価法、公文書管理法などの制度は、近年、政権から官僚への指示に関する限り、事実上ほとんど適用除外となっている。森友学園・加計学園などをめぐって文書の改竄《かいざん》・隠蔽が問題となった後は、改革基本法が求めた記録の徹底・公開とは逆方向で、最初から記録を作らない、当事者同士が了解したものだけを公文書として扱うことにするなどの見直しが進められた。また、２０１８年度からは証拠に基づく政策形成（Evidence-Based Policy Making, EBPM）が奨励され、担当審議官が各府省に新設されたにもかかわらず、政治との関係が深い政策分野ほど除外される傾向が生じている。政策立案や執行の機動性が、手続面での透明性の断念と引き換えに実現しているとも言える。

なお、改革基本法は、２００８年から5年間のうちに実現することを目指したものとはいえ、期間が過ぎた現在も失効したわけではない。未達成の項目は、いずれも政府に法律上課されたプログラムとして引き続き残っている。

②官僚側の役割認識

２０１４年の国公法改正は、政策立案における自律性は大幅に縮小しつつ、政策の具体化には引き続き積極的な動きを求めるという官僚のD型（従属）化を志向している。この要求に、官僚側はどう応じたのかを意識調査や幹部ヒアリング等を通じてみていきたい。

〈幹部〉

内閣人事局創設後に、同期の中で比較的早く審議官級に昇任した主要省庁の9名に対し、筆者が行ったヒアリング(2015〜16年)では、政権からの要求と官僚の長年の規範観との間のディレンマが示されている(嶋田 2020a: 37–42)。彼らは、政治に対し自分たちが果たすべき役割は、「特定者ではなく日本全体にとっての最善を考えること」「将来も含めて論理が通るかを考えること」「歴史的経緯や筋を無視して将来に禍根を残す政治の指示には意見を述べるが、それでも求められれば従うこと」等とする。政治に仕える立場をわきまえつつ政策形成に密接に関わり、責任者として論理や長期的影響を重視するという認識で、役割規範としてはC型(誠実)に属する。

他方、彼らは、こうした規範が実際に貫けるかは別問題とも考えており、「人事に影響する以上、不興は買いたくない」「生々しい資料は残さない。メモには用心する」とする。従来は「率直に意見を言うことが許されるが、いったん決まれば従う」というオープンな文化が霞が関の良さだったと振り返りつつ、現在は政治の判断と食い違う可能性がありそうだと思えば口をつぐみ、後で問題となり得るような記録は残さない。改革基本法で要求された記録の保存・

公開とは逆方向である。C型の規範意識とは裏腹に、「政権の意向と衝突する可能性のある言動は控える」というD型(従属)の行動が強まっている。

また、2021年夏に筆者が行った幹部インタビュー(第1章参照)においても、近年は「大いに議論する」という文化が消え、政策形成過程でも言うべきことを言わなくなったとして、政策に対する各省の責任感の薄れを懸念する声が多い。

●一元管理が始まってから、霞が関の多様性がなくなっている。

●各省が主体性をもって政策発信しなくなり、政策責任者でないという感覚を持つようになった。良いアイディアがあっても出さない。

●過去の事務次官などは、政治家にもリスペクトされ、公益に関しても言うべきことを言っていたが、現在はそれが変わってきた。決定されたことは受け入れるが、なぜ(提案した別の政策が)できないのかという理由は知りたいし、官僚がそれを主張できる機会が大事だと思う。議論もできないと将来へのダメージが大きくなりすぎる。

●以前は「国民に対し、負担になる政策をそれでもやると耳障りなことも言うのが我々(政治家)の仕事だ」と言っていた政治家もいる。

●今も言うべきことを言っている公務員はいる。身分保障があるのは、責任ある職責を全うさせるためだ。身分保障とは、単に「首にしない」だけでなく、「不当な更迭がないこと」まで含む。
●内閣人事局の創設は、仕事ぶりにボディブローのように効いている。他省の例だが、上にはっきりものを言わない人が事務次官に昇任するとも聞く。
●各省がそれぞれ背負っている理念に照らせば、耳障りなことも時には言う必要がある。自分自身が出世するかどうかは運の問題だと誰もが思っているが、評価されるべき人が飛ばされるのはそれを超えた介入となり、役所全体のモティベーションが落ちる。
●県では、知事の在任が長くなると絶対的存在になって部下が忖度するようになるが、知事が変わるとまた大きく変わる構造がある。一方、県よりも大きな分野を担う国は、隅々を活かしていくことをトップが考えないといけない。
他方、「政治的命令に対して、官僚が「公益のため」などと頑張る必要はない」という意見もみられる。
●当省はもともと、どの政権に対しても指示を受ければ「できません」と言わず、何とか応えようとする体質がある。よく言えばフレキシブル、悪く言えば節操がない。

●絶対的悪だという提案はそうない。政治に対し、官僚としてどの程度反対意見を述べるかは美学の問題だ。

〈中堅・若手〉

幹部や管理職ではない若い世代には、政治に対する受け身の役割認識が浸透している。２０１７年度の本府省勤務30代職員意識調査では、彼らの上司である課長級職員との意識差が明らかとなっている（平成29年度人事院年次報告書）。

例えば、課長級が「若手職員の意思決定への参画」「新たな取組へのチャレンジ」等が若手のモティベーションのために重要だと考えている（それぞれ33・３％、29・５％）のに対し、30代はこれらへの関心は乏しく（同11・８％、７・１％）、代わりに、「偏りのない業務分担」を強く求めている（42・３％。課長級は13・１％）。やるべきことを上司からはっきり指示してほしい、裁量付与や方針共有などは余計な負担だと考えている様子もうかがえる。

ボトムアップの時代に30代を過ごし、裁量権のある政策立案にやりがいを見出してきた課長級とは異なり、現在の若手は採用時からトップダウンしか経験しておらず、あらかじめ方向を決められた仕事を請け負うのを当然と考えがちである。上司に率直な意見を述べるべきかといった逡巡など最初から持たず、「価値判断は政治が行うものであって、自分の役割はそれを粛々と実施すること」という割り切った感覚を持つ者がこの世代には多い。一見、D型の従属要求に沿っているように見えるが、政治を徹底的に支える意識は乏しく、「自分たちの知ったことではない」という線引きをしているのが特徴的で、E型（逃避）の傾向である（嶋田 2020a：121-122）。

こうした変化には、ジェネレーションギャップの影響もあり得るので、どこまでが公務員制度改革の影響なのかははっきりしない。2021年夏にインタビューした幹部官僚たちは、全体的には前述の傾向がみられるとしつつ、「若手の一部には、政策立案への主体的貢献を望む層もまだ残っている」とする。

●トップダウンに移行した2000年代以降に採用された準課長級（40歳前後）は、まず上の意向はどうなのかを確認する者が多くなっているが、本来、官庁の仕事はその程度のレベルでよいわけではない。実際、今でも自分が頑張ろうとする人材もいる。

●政策立案に携われる時期が課長級からになったので、若手にフラストレーションがあるのは当然。しかも近年の若い人は試行錯誤を経ずに、最短距離で正解にたどり着きたがる気質もある。
●数年前に世代間ギャップの危機を感じて、省内で老・成・若各世代によるディスカッションをしたところ、若手から「局長が（政治的オーダーによって）追い詰められていることがわかった」などの評価もあった。
●民間であれば、特定部門に集中することで30歳そこそこから一級の専門家になれる可能性があるのに対し、それと比べて「自分はプロフェッショナルとして使われていない」と動揺しやすく、係長級でモティベーションの落ち込みがみられる。

〈応募者層〉

総合職への応募者数は年々減少傾向にあるが、特にこれまでⅠ種・総合職合格者の多くを占めていた有力大学出身者数の急落が目立つ。こうした大学からは、代わってコンサルティング会社や外資系企業を選ぶ傾向が強まっている。

官僚が選ばれない理由について、公務員制度改革が本格化した２００６年度末に11大学の学生・院生を対象に行われた人事院調査では、「保守的で、創造的な仕事ができそうにない」がトップとなっている（平成18年度年次報告書）。ただ、２０２１年度に就活を終えた全国の学部生・院生に対して行った調査では、国家公務員を志望しなかった理由の筆頭は「試験勉強・準備が大変そう」(76・0%)で、「業務内容に魅力を感じなかった」(58・4%)は4位である(2022年3月25日人事院記者発表)。

マスメディアは長年にわたって、選挙により選ばれた政治家が政策を主導する方向への改革を称賛し、「官僚は学校の勉強ができただけで、民主的正統性がない」と批判し続けてきた。しかし、従来の応募者層が公務を忌避する傾向が明らかになってくると、政策の質の低下を懸念する論調に一変している。

国公法改正後の雑誌や新聞の官僚特集をみると、「霞が関へ行かない東大優等生」「10年後、20年後は悪事も働けぬ人畜無害なキャリア官僚が要職に」(選択2015年3月号)、「エリートの官僚離れ」「東大生は霞が関よりコンサル、ベンチャー志向に」(週刊東洋経済2018年6月23日)、「責任は官僚　離れる学生」「遅い昇進　残業にも不満」(朝日新聞2018年8月3日)、「官僚哀史はびこる慣習　衰えゆく組織」(日本経済新聞2018年9月17日)、「国家の頭脳、大流出の予兆」(同2018年11月2日)といった見出し・小見出しが並ぶ。これらの記事では、公務員離れの理由として、残業の多さに加え、若い時期から政策立案に携わる仕事の面白さが減ったこと、政治家の下請け化して責任だけ押し付けられることなどが挙げられている(嶋田2020a: 119)。なお、

２０２１年には、経産省の20代職員２名が国の給付金詐取で有罪判決を受ける不祥事まで生じた。

他方、インタビューした幹部官僚たちは、応募者の二極分化を指摘する。総合職の間でも安定志向型が多数となる一方、公益のために働くという明確な目的意識を持ち、その準備も積んできている優秀層が少数ながら毎年一定数いるという評価は有力省庁の間で一致している。

●昔と違って、ギラギラした上昇志向の人材が減った分、真面目でパブリックへの思いが強い人材が増えている。

●口幅ったい言い方だが、我々世代には、中央官庁に入るのはベスト・アンド・ブライテストだという自負があった。民間業界の人たちが官庁の言うことを聞いてくれたのも、そうした評判・尊敬があったからだと思う。２０００年代半ば以降からこうした自負を持つ層は薄くなったが、今でも飛び抜けて優秀な人材は一定数いる。

●人材は偏在しない方がよく、霞が関に集中する必要もないが、やはり一定程度は一軍も必要だと思う。実際、高く評価される人材も毎年入ってきている。彼らを見ると、公務の仕事自体を面白いと感じ、損得勘定抜きにやりたいことをしたいという志向がある。

5　小括――改革項目のつまみ食いによって、官僚が「家臣」に回帰

日本の官僚は、明治期から１９８０年代末に至るまで公益・全体利益を体現する存在であるという自負を持ってきた。国家の目標が比較的明確であったこともこの自信を後押しした。しかし、１９９０年代から相次いだ幹部官僚の不祥事や行政の失敗は国民の不信を高め、省益を連想しやすい天下りに対する長年の反感とも相まって、公務員制度改革への要求が強まった。価値観が多様化した現代においては、選挙の洗礼を受けない官僚の政策主導は、いかに専門的知見に裏付けられたものであっても正統性を主張できない。国民自身の価値選択が政策に反映されるための改革の一環として、政治主導の強化に向けた公務員制度改革が必要だったことは疑いようがない。

２０１４年に一応の決着をみた公務員制度改革では、２００８年の改革基本法に掲げられた多様なプログラムのうち、集権的な政治統制のみが実現した。しかし、それと両輪であるべき意思決定過程の透明化に向けた政官接触や行政過程等の記録作成・公開、国民への人事管理の説明責任は、実現すべき課題として明記されたにもかかわらず、積み残されたままとなってい

る。使用者側と対等な立場から職員側の声を反映させるための自律的労使関係の確立も同様である。

近年、族議員の力は急速に弱まり、官僚には各省縄張り意識を超えて政権が掲げた目標に向かって努力する行動様式が根づいてきた。官邸の関心がある政策について、セクショナリズムの弊害は大幅に減少している。ただ、政策や人事の決定過程の透明化が実現していないため、2013年頃からは官僚が政権の願望を先読みして、それに合うように結果を「作る」手法が目につくようになった。わかりやすいキャッチフレーズが重視され、迅速な方向転換、機動的で柔軟な政策立案が優先される一方で、客観的裏付けの確認や中長期的効果の検証が十分ではなくなっている。改革基本法の要求とは裏腹に、国民に対して政治主導の正統性を担保する手段は置き去りとなっている。

こうした状況下で、公務員の働き方については、全体としては民間との均衡が重視されるようになってきたにもかかわらず、政治的課題を下請けするための野放図な残業や、政治家の絡む不祥事における見せしめ的な官僚更迭などが目立つようになっている。「民主的統制」が、「政治的命令は、労働者としての常識的な働き方の確保よりも優先される」と解釈されている。野中尚人は、一連の改革によって生じた官僚の位置づけについて、社会のリーダーから lackey

（家臣・下僕）への変化と表現している（Nonaka 2020）。主君は願望を抱く、下僕はそれを推し量って実現のために必死で動き、失敗すれば責めを一身に受ける、という構図である。近代官僚制の特徴とされる「非人格的な即物的目的」への奉仕ではなく、前近代の家産制下における「個人にたいする誠実関係」（ウェーバー 1987：11-12）への回帰に近い。

公務員制度改革のきっかけが官僚の不祥事と行政の失敗であったため、改革過程には常に懲罰的な感情論が流れており、官僚は「改革されるべき客体」「まな板の上の鯉」として、意見を述べることも許されなかった。また、官僚に対しては、「彼ら」という突き放した表現がしばしば使われ、上司たる政治家からも目的を同じくする仲間とはみなされない。「労働市場で有能な人材をいかに惹きつけるか」「良い政策実現のために、政治が持たない知見をどう補完させるか」といった、人事政策の視点は欠落していた。

ただ、２０２０年初頭から新型コロナウイルス感染症対策が全世界の緊急課題となる状況で、官邸の要求通りの結果が出ないのは、セクショナリズムや現場の怠慢のせいだけではないことが一般にも認識されるようになった。政策実現に対する物理的制約への言及を「官僚の口実・自己利益拡大」と一蹴してきた学界の論調にも変化の兆しがみられる。

メディアも学界も、改革の過程では、官僚制に対しどれだけ叩いても崩れない強固な壁、常に優秀な人材が集まってきて無定量で働く集団というイメージを持っていたようにみえる。しかし、実際の官僚一人ひとりは傷付きやすい生身の人間であり、特別な強さなど持ち合わせていない。転職困難な中堅以上の世代は、「家臣化」要求を受け入れる以外の選択肢がなかったが、若い世代には政治から責任転嫁されぬよう一線を劃《かく》す立ち位置を探す者が増えている。優秀な学生の間で「官僚は損な職業」という見方が広がる中、近年の採用は、損得勘定抜きの公益志向を持つ稀少な人材だのみという脆弱《ぜいじゃく》な状態となっている。政治からの要求は、公益に奉仕する誇りや使命感を持つ個々の官僚の必死の働きによって、かろうじて対応されているに過ぎない。

公益志向の官僚制なども はや時代遅れという考え方もあろうし、「創造性や政策形成力は政治家や政治任用者に託し、官僚の役割は最小限化する」「国家に特別な役割は期待しない」という米国型を目指す選択肢もある。しかし、メディアの論調からは、優秀な官僚が国民の要望に応えて政策を担う形への期待が、日本社会では今でも大きいことがわかる。１９９０年から２０１９年の間の価値観調査をみても、選挙、政府、国会、政党等への信頼は、一貫して行政への信頼を下回っている(電通総研・同志社大学 2020：26)。政治家側も、官僚が長年背負ってきた調整や政策具体化の難行を代わって背負う意思は乏しく、指示すればその実現に向けて官僚たちが知恵を絞って動くのは当然だと考えている。官庁に創造性ある人材が急減しつつあることが顕在化した現在、その枯渇防止は、国民全体の焦眉の課題となっているとみることができよう。

制度改革の方向は、「その社会が誰を信用するか」によって決まる。国民の信頼を大きく裏切った官僚への統制は広く支持されたが、だからといって政治家が官僚を家臣化することまで了解されたわけではない。もしも有能な官僚が国民の目の届く形で闊達な政策議論をする姿が期待されているのであれば、政治的応答性を高める項目のつまみ食いによって切り捨てられた提言にも、改めて目を向ける必要がある。

これらを考える上では、同様の課題に直面している他国での取り組みが有力なヒントとなろう。次章では、主要国における官僚の働き方と改革の概要をみていきたい。

第3章　英米独仏4か国からの示唆

——日本はどこが違うのか

自国の特徴を知る上で、他国との比較は有益な視点を与えてくれる。ウェーバーも、「わがドイツの事情を知るためには、外国の事情、ことにこの点でわが国ともっとも対照的なアメリカ合衆国の事情を比較において考えるのが便宜である」(ウェーバー 1936：9–10)と述べている。

実際、多くの国で官僚制の見直しに当たっては、まず他国の調査が行われた。19世紀の米国では、試験採用の導入に当たって英独仏中4か国への訪問調査が行われている。また、第二次大戦直後に創設されたENA(École Nationale d'Administration：国立行政学院)は、ナチスドイツの占領を招いたフランスの官吏たちに、ドイツと比べて国家を担う使命感が乏しいというド・ゴールの危機感によるものとされる。1960年代後半にそのENAを視察したフルトン委員会が、「高度に専門的で訓練されたエリートと比較して英国の公務員制度は時代遅れである」という判断を下して、改革を推進した。一方、当のENAは、フランスでは時代に合わない特権的な制度とされるようになり、2021年以降、解体が進められている。

平成期の公務員制度改革に当たっては、日本の「官僚内閣制」がいかに近代民主制理念から乖離しているかが強調されるとともに、「政治家が幹部官僚を自由に任免できないのは日本だけ」「官民の自由な行き来は先進国の常識」など、国際基準に照らした異質性が主張された。本章では、主要国の働き方や政官関係に関するこうした言説の真否を見ていきたい。参考にすべき国は数多くあろうが、ここでは伝統的にわが国が比較対象としてきた英米独仏の4か国を取り上げ、連邦制の米独では、連邦政府を念頭に置いて記述する。

以下では、まず、これらの国の官僚制の枠組みと運用を概観した上で、近年の改革とその成果をみる。その上で、これらとの比較を通じて日本の特徴を洗い出し、平成期改革で何が見落とされていたのか、今後の改善に向けてどのような示唆が得られるかを考察する。なお、本章における事実関係に関する記述は、特に断らない場合は人事院HPを参照している。

1　4か国の官僚の実像

①職業としての人気

何をもって官僚（制）の良し悪しを判断するかは難しい。また、ある国でうまく機能しているとしても、歴史的経緯や統治機構、社会慣行の違いなどによって、他国で根づくとは限らない。

米国型職階制の日本への移植の失敗がその好例である。ただ、「官僚がその国で職業としてどう評価されているのか」は、改革時の範とすべきかを考える際の重要な出発点であろう。

村松岐夫らの調査（村松編著2018）によれば、上記4か国のうち、独仏2か国では職業としての官僚に対する社会的評価は比較的高い。ドイツの公務は、労働市場でも社会的な影響力、職業としての裾野の広さ、昇進の展望といった点で魅力的と受け止められており、２０１６年の学生調査でも就職先として総合第1位に選ばれている（前掲：163）。フランスでも同様に、官僚は社会的に高い地位や威信を享受し、身分保障や年金についての有利な取り扱いなどから就職先として高い人気を誇り、高級幹部の登竜門であるＥＮＡ等への競争率も１９９０年代に比べてさらに高くなっている（：206）（ただし、最近の改革については後述）。英国では、公務はかつての人気を失いつつあるが、それでも実質的に幹部候補生を採用・育成するファストストリーム試験は、現在も名門大学からの採用者が多い。タイムズ紙による大卒者を対象とした「最良の機会を提供しているトップ１００」の調査でも、公務は例年5位以内に位置している（：95）。これら3か国は優秀な人材確保におおむね成功しており、日本も学ぶ点が多いと評価できよう。

対照的に、米国では、優秀な学生の間で魅力ある就職先と考えられたことはほとんどなく、給与が大幅に民間に劣後することもあって、質の高い人材の確保は政府にとって常に悩みとな

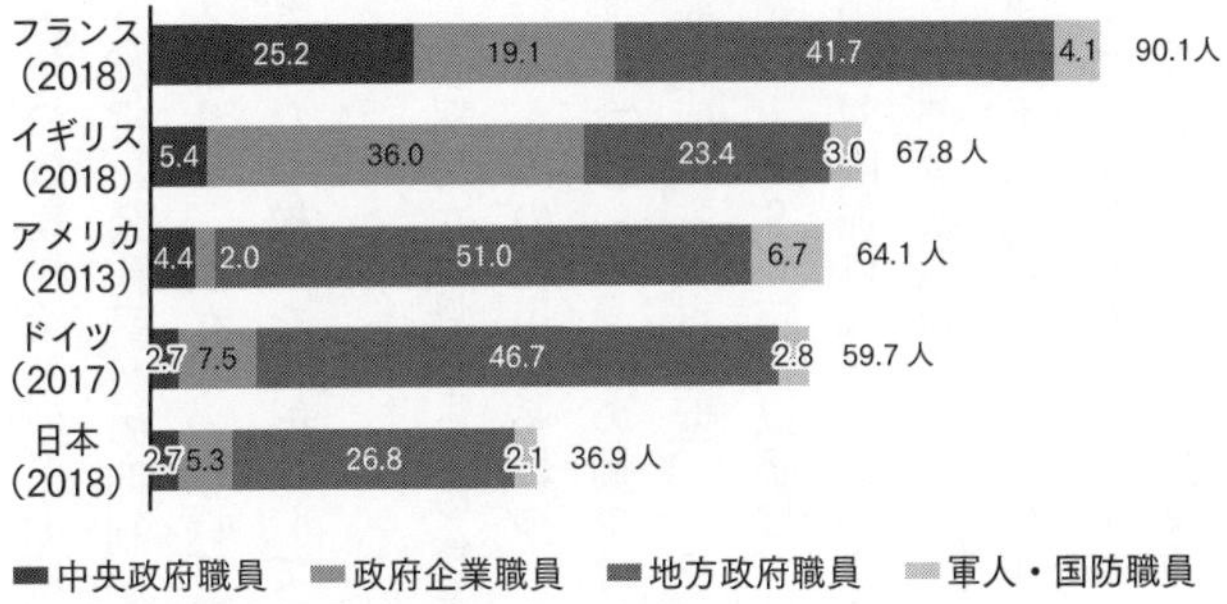

図 3-1　人口 1000 人当たりの公的部門における職員数の国際比較
注：日本の「政府企業職員」には，独立行政法人，国立大学法人，特殊法人等を含む．
出典：内閣人事局 HP

っている（嶋田 2021: 168）。政策立案は政治任用者が担う建前であり、幹部までの昇進を想定した内部育成も存在しないので、有為な若者への誘引力がない。良質の公務員制度を考える上では、米国は反面教師となろう。

②公務員の数

これらの国と日本の人口1000人当たりの公務員数（国、地方含む）を示すのが図3―1である。フランスが大きな政府であることはよく知られているが、「小さな政府」志向で知られる英米の方が実は日独よりも公務員数が多い。行政国家の進展による業務拡大に伴い、急速な増員を余儀なくされてきた英米と比べ、日本では戦後初期を除き、常に人員拡大への抑え込みが続いた。前田健太郎は、民間に応じた毎年の公務員給与の引上げが確保される中で人件費の膨張への危機感を抱いた政府の方針により、常に公務員数の抑制が重視されることになったと指摘している（前田 2014：267）。あとにみるように、個々人の職責や量が明示されない日本固有の人事慣行も、業務量と職員数とを連動させない扱いを可能にしてきたと考えられる。

③採用から退職までの体系――二つの分類軸

4か国の任用体系については、「内部育成型か開放型か」「政治任用多用型か、成績主義貫徹型か」という二つの軸で分類することができる。米が開放・政治任用多用型、ドイツが内部育成・成績主義貫徹型、フランスは内部育成型で政治任用的な色彩もある。英は独型に近かったが、１９９０年代以降は、成績主義貫徹は維持しつつ開放型に大きくシフトしている。4か国の相対関係は図３―２のように表される。

内部育成型の独仏では、いわゆる任官補職、すなわち「官僚身分」をまず付与し、その上でポストに就けるという仕組みをとっている。国家に奉仕する身分を与える見返り・動機づけとして、官僚群に集団としての強い自律性が付与されている。また、公務員全体が内部育成型であることに加え、幹部候補たるエリートについては最初から学歴による別枠で集中的に育成す

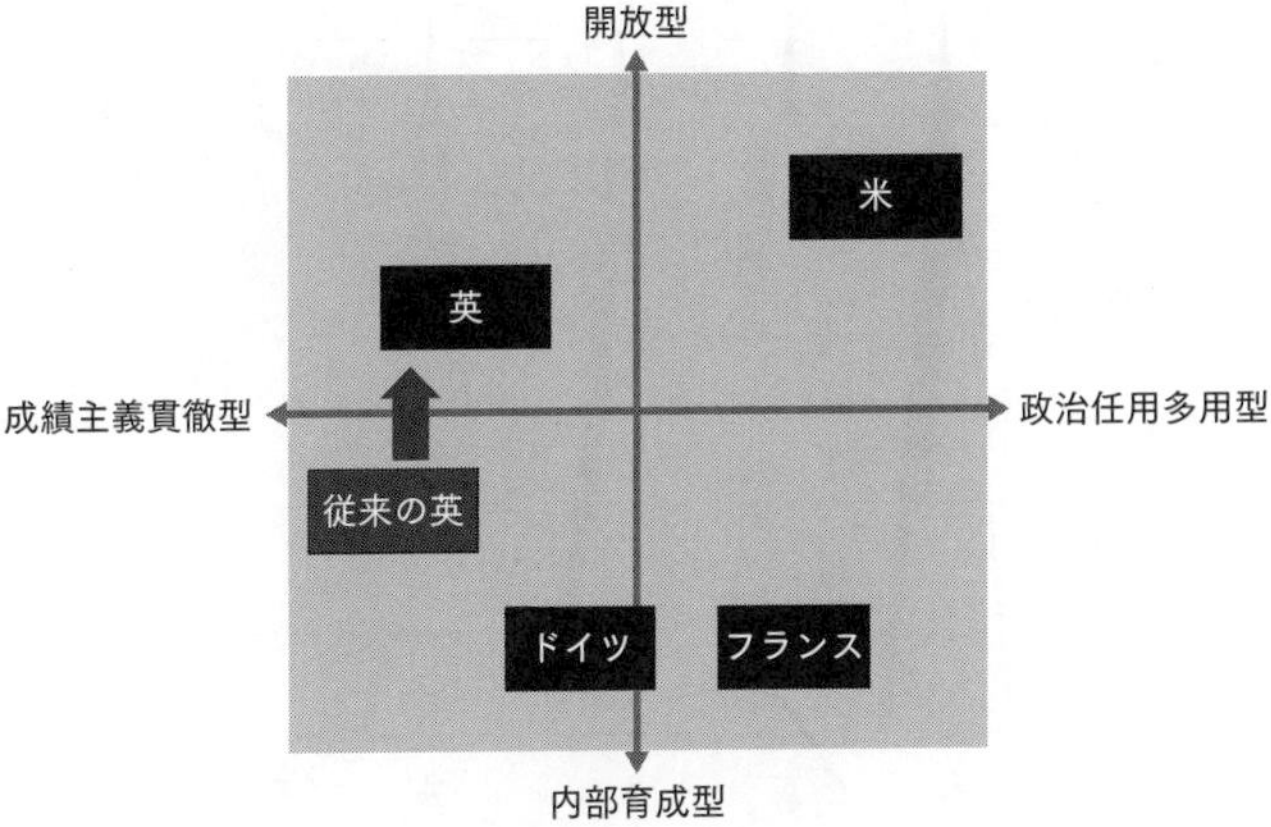

図 3–2　任用タイプの類型
出典：筆者作成

るという点もドイツ、フランスの顕著な特徴である。

なお、4か国とも、政治任用部分を除き、官僚の異動・昇進は（内部限定か、外部公募まで含むかの違いはあるが）空席に対する本人の応募が原則である。官民問わず、人事とは当局が一方的に決めるものと考えられている日本からみれば違和感があるが、成績主義原則（メリットシステム）が採用だけでなく配置や昇進にも適用される以上、本人応募を経た競争と選考が必要なのは当然ともいえる。軍人や外交官など特別の場合を除けば、当局主導の定期異動の慣行もない。ただ、フランスでは、後述するように、所属するコール（職群）の官僚トップが人事配置に影響力を行使している。

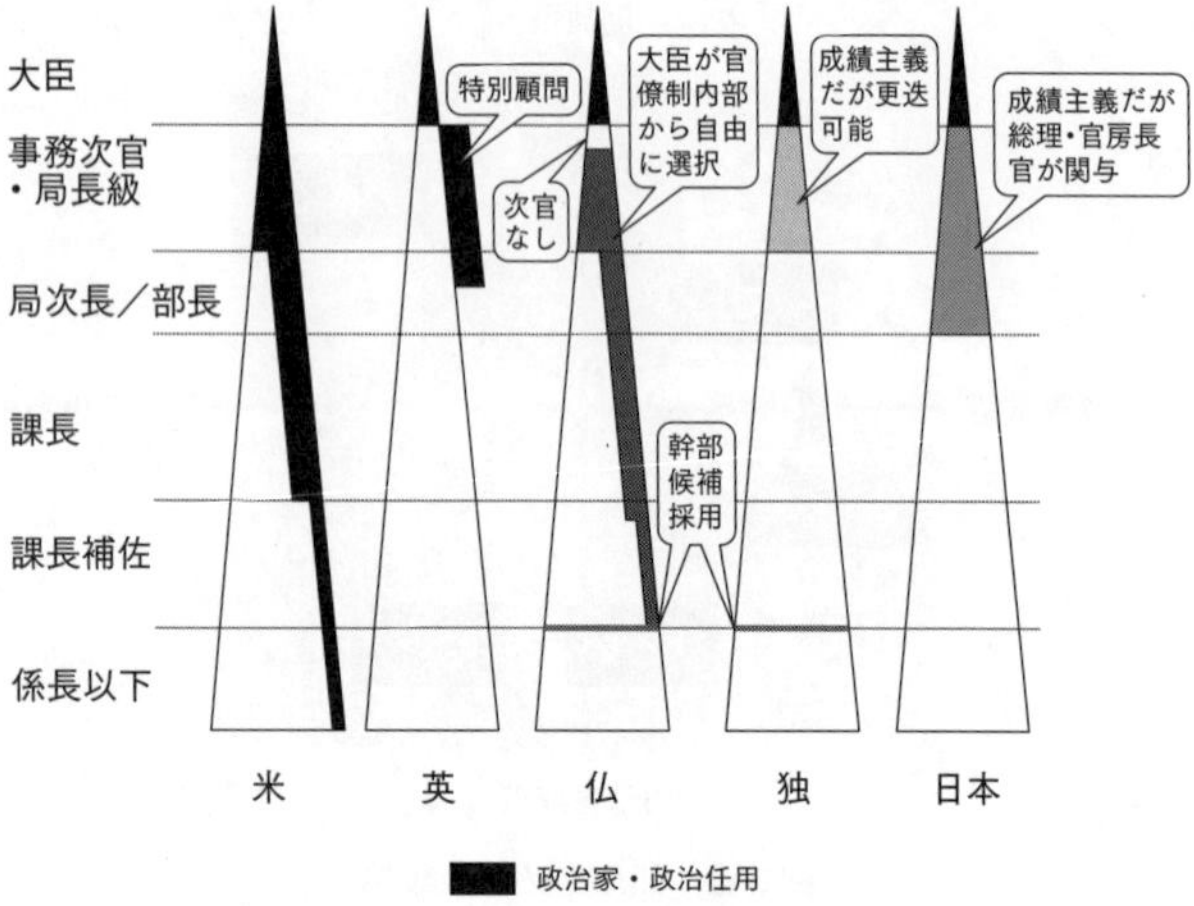

図 3–3　職業公務員（官僚）の登用範囲（イメージ）
出典：平成 24 年人事院年次報告書を基に筆者作成

本人応募の前提として、これらの国では、各ポストはどのような職責を担い、どのような能力・経験が求められるかがあらかじめ示される。特に、開放型の英米では、ポストごとに詳細な職務記述書が作成されるとともに、人事の客観性・恣意排除（人事の中立）のために独立機関による審査を要することが多く、英国では人事委員会（Civil Service Commission, CSC）、米国では大統領の直下に設置された独立機関である人事管理庁（Office of Personnel Management, OPM. 1978年にCSCから改組）がそれぞれ選考や資格審査の役割を担っている（嶋田 2021）。

　職業公務員の範囲は図3―3のようになる。以下、独仏型、英型、米型の3パターンそれぞれの任用の特徴をみていきたい。

●独仏型

ドイツ・フランスなど欧州大陸の官僚制度は、君主に仕える宮廷官僚として始まっている。村松岐夫は、「仏独型とは、国民の幸福の実現における国家の積極的活動を肯定し、国家活動の継続性や積極性を誇る国の公務員制度をいう」とする(村松編著2012：95)。ドイツでは内務省、フランスでは行政公務員総局が人事制度を所掌し、英米両国の独立人事機関に相当するものはない。

独仏型では、入口段階で学歴を要件とする試験選抜が行われ、最上位グループの試験で採用された者のみが将来の幹部候補の資格を持つ点に特徴がある。この特定の試験で採用されていない者は、どれほど仕事で能力を発揮したとしても昇進の天井がある。これが本来的意味の「キャリア制度」であり、戦前の日本もこの型だった。採用後の実績による逆転もあり得る戦後日本の「いわゆるキャリア・システム」は似て非なるものである。

採用試験によって、その後退職まで属することになる階層グループ・職群(ドイツではラウフバーン、フランスではコール)も決まる。両国とも、最上位の職群に属する者の最初のポストは課長補佐級で、この点も係員（平職員《ヒラ》）から始まる日本のI種・総合職採用者とは異なる。

ドイツでは法令作成という国固有の業務が伝統的に重視されており、最上位ラウフバーンである高級職群には法曹資格を持った者が多く、内務省では9割に上る（村松編著 2018：161）。一方、フランスでは、最上位コール（カテゴリーA＋）には財務監察官群、高等行政官群、鉱山技師群などさまざまな種類があるが、そこに入るためには大学院レベルのENAやポリテク（理工科学校）の修了が要求される。ENA・ポリテク入学段階から給与も支払われ、卒業時の成績順に本人がコールを選べる慣行があるが、現在、大規模な改革が進んでいる（後述）。なお、省庁再編が頻繁であることもあって、職員は省庁ではなくコールへの所属意識が強く、所属コールのトップ官僚が人事も含めて差配する。

局長などの幹部ポストもこうした上位職群に属する官僚の中から選ばれるのが基本である点で、米国のような開放・政治任用多用型とは大きく異なる。ただ、政治と深く関わる上位ポストでは自省大臣との信頼関係が不可欠であるため、大臣の意思が一定程度反映できる仕組みが取られ、この点では「政治任用」的な色彩もある。

ドイツの事務次官・局長は「政治的官吏」と呼ばれるが、成績主義に基づき内部昇進していくのは通常の人事と変わらず、党派を超えた公益の体現が要求されている点でも通常の官僚と同じである。ただし、大臣は、政治的官吏が信頼できないと感じた場合には、理由を明示せずに更迭（一時退職）できる点にこのカテゴリーの特殊性がある。更迭された後も７割を超える給与（恩給）が最長３年間支給されるので、幹部官僚は自分や家族の生活のために大臣におもねる必要はない。近年は、政権交代があると相当数の更迭者が出る（前掲：173）が、新旧幹部への二重払いが生ずるため、大臣には世論を納得させるだけの理由が必要となる。

成績主義だとはいえ、幹部官僚には特定の政権への政治的共感も必要とされるので、幹部ポストに昇進するのはその時点の与党に所属している者がやはり多く、政治との調整能力や議会等への出向経験も重視される。与党支持者でない場合、官吏としての身分は基本的に州政府と共通なので、人脈があれば州の幹部に転じることもでき、大学教員等の途もある。

フランスには事務次官に相当するポストはない。局長級ポストや大使、知事（日本と違って公選制ではない）などの「高級職」は、大臣が官僚群の中から自由に任用・更迭でき、大臣キャビネ（大臣官房秘書室のような側近業務を担当）のポストも自由任用である。公務外からの登用も可能だが、その場合は官吏身分は付与されない。大臣キャビネには採用後３～４年の若手からの起用もあり、有力な大臣の下での勤務経験はその後のキャリアアップにつながるため、優秀な人材の誘引力となっている（前掲：233）。ただ、こうした自由任用はいわばレンタル（所属職群からの一時的派遣)で、登用が終了すれば元に戻り、官僚という身分は登用前後を通じて常に保持されたままである。

こうした独仏のような内部育成型は日本でしばしば「閉鎖型」と称されるが、村松はこうした呼称や分類について、「「開放」が良いニュアンスを持ち、「閉鎖」がネガティブな意味を持っているところにこの用語法の問題がある」とし、一方的な価値判断を含むために適切でないと指摘する(前掲:14)。また、事実認識としても、フランスでは官僚身分を持つ者が政界や企業などに移り、また復帰することは頻繁に行われており、出入口は「閉鎖」されていない。民間企業に移ることを指す「パントフラージュ」(固い靴を脱いでスリッパに履き替える)という独特の表現があり、政財界トップの75%がENA出身という調査結果もある(:219)。ドイツでも、高級職ラウフバーンの能力・実績要件を充足する者であれば外部からの中途採用は可能である(:171)。なお、両国とも、退職後一定期間のうちに関係企業に再就職する場合には審査を受ける必要がある。

●英国型

英国は1980年代半ばまでは事実上の内部育成型であり、主要国の中では最も日本の運用に近かったが、公務員不信が強かったサッチャー政権下で公務員制度の大幅な見直しが始まり、90年代頃からは開放型に転換している。

ただ、現在も、幹部昇進を目指す大学新卒者向けにファストストリーマー（速い流れ）と呼ばれる採用試験が行われ、オックスフォード、ケンブリッジといった名門大学出身の合格者は絶対数でみれば引き続き多い。一方で、伝統的試験区分であるジェネラリスト、外交などに加え、人事、社会調査、契約といった専門区分の新設に伴って合格枠を大きく広げたこともあり（:96）、1983年にはオックスブリッジ出身者が約67%だったのに対し、2016年には22%、2021年には11%程度まで低下し（英内閣府資料）、出身大学の多様化が進む。事務次官や局長にはファストストリーム採用者が多かったとはいえ、他の試験採用者にも可能性は開かれており、もともと独仏のような徹底的な入口選抜とは違っている。上位ポストも外部を含む公募が中心となった近年は、幹部に民間企業経験がある者も増えつつあるが、事務次官級になると公務内からの登用割合が高い（前掲）。

官僚は政策立案の補佐に深くかかわるが、協働しつつも政官の役割分担は徹底している。また、人事に関しては事務次官に至るまで公募原則と成績主義が貫かれ、政治家が選考過程に関与しない伝統がある。局長以上の空席の場合、公告に応募した者の選考は、人事委員会委員、採用省庁の事務次官、他省庁の事務次官、外部利害関係者などで構成される委員会で行われる。局長級の場合、選考委員会が1名を大臣に推薦するが、大臣は理由を添えて差し戻すことができる。これを受けて選考委員会が候補者を変更する場合には、その理由を記録し、人事委員会の承認を得る必要がある。2014年以降、各省事務次官に関しては、選考委員会が提示する複数の候補者から首相が選択する方式となっている(村松編著 2018: 109)。

成績主義に基づく人事の例外として、広報戦略や党派政治的なアイディアを大臣に提供する役割を担う特別顧問制度が1964年に導入され、政治家が自由任用できる。政治主導の強化に伴って特別顧問の存在感は大きくなり、2015年以降は大臣の指示の伝達権限も付与されたが、あくまでも幹部ではなくラインの外に位置づけられ、職業公務員への指揮命令や人事・許認可業務等への関与はできないという一線が引かれている(前掲: 113-115)。

政官分離を支える上では、官僚トップである「公務の長」(The Head of the Civil Service)が大きな役割を果たしている。日本でいえば事務の内閣官房副長官に近く、このポストだけは公募不要で前任者と人事委員会委員長の助言によって首相が選ぶ。内閣府や財務省など有力府省の事務次官経験者が登用され、各省事務次官の相談役となるなど、官僚全体を代表して政治との調整を行っている。

また、1855年に他国に先駆けて設立された人事委員会（CSC）も、採用試験の実施を中心に、情実人事を排除した成績主義の徹底と、省の別を超えた「一つの公務」意識の涵養に貢献してきた（嶋田 2021：152）。1991年にいったん組織としては廃止されたが、各省幹部の公募制が活発化するにつれて、採用の公正性の監視や「公務理念の擁護者」としての役割など、再び重要な機能を果たすようになった。現在は、有力官僚OBを含む多様な経歴の11名の委員が就任している（前掲：153-154）。

退職後、一定期間内に関係企業に再就職する場合にはランクごとに定められた承認手続を得る必要がある。なお、キャメロン元首相による金融ベンチャー企業のためのロビー活動が問題となったのを契機に、政治家や公務員の退職後の働きかけにはより厳しい制裁措置を設けるべきとの議論も出ている（2021年11月1日 Civil Service World 紙）。

●米国型

米国では政治家と政治任用者が政策立案を行うという建前があり、欧州的な意味での官僚群は存在しない。君主制と結び付いてきた職業官吏制を嫌い、「国民に選任されたトップが公職に就く人間を自由に選ぶことこそ民主主義」という建国以来の理念の反映とされる。

局長などの幹部や政策担当職は公務外からの登用が基本で（ただし、国防総省や国務省などでは職業公務員の登用もある）、それより下の部課長級ポスト（後述のＳＥＳ）も政府全体の１割までは政治任用が認められる。政治任用について能力実証は必要なく、大統領に対する応答性のみが要求され、大統領が替われば幹部は大量に入れ替わる。ただ、大統領任命の幹部職の多くは上院の承認を要するため、完全に大統領の自由というわけではない。いわゆる「お友達人事」を強引に進めると、その後の議会からの対抗措置で政策実現に支障が生ずることもある（McCarty 2004）。

一方、法令執行にまで党派的な情実が入ると非効率や腐敗をもたらすため、１８８３年にペンドルトン法（米国公務員法）が制定されてからは、下位のポストについては成績主義による採用が徐々に浸透し、政治任用者の範囲や割合、就ける仕事なども厳格にルール化されるようになった。政治任用以外のポストは公募であり、現役職員も昇進したければ空席に応募し、外部応募者と競争して勝ち取る必要があるが、これは社会全体に労働流動性が高く、終身雇用の慣行が乏しいこととも連動している。党派的圧力が部下である職業公務員に浸透することのないよう、１９３９年制定のハッチ政治活動法によって政治的行為の強要や人事的報復を禁止するなどの保護が図られている（嶋田 2021）。

ペンドルトン法に基づき独立委員会として創設された人事委員会（ＣＳＣ）は、試験採用の範囲を拡大する一方、各省のポストを職務と責任の度合に応じて格付けする職階制を基礎に、客観的統一基準による給与や任用の運用を進めた。ただ、所掌範囲が人事全般に拡大した結果、大統領の人事管理の助言役と職員擁護という相反する役割を担う状況になったため、１９７８年公務員改革法によって同委員会は大統領直下の独立機関である独任庁の人事管理庁（ＯＰＭ）に再編され、職員保護の機能はメリットシステム保護委員会など別の機関に切り離された（前掲）。

なお、官民の行き来は、リボルビングドア（回転扉）と称されるように基本的に自由であるが、退職後の行為規制が設けられている。

④給与などの処遇

４か国中、米国とドイツの公務員は、日本と同じく給与などに関する労使交渉ができない。一方、英国では民間同様の労使交渉で決めることができ、フランスでは「公務員も争議は可能だが、協約締結権はない」という独自の組み合わせとなっている。

米国とドイツの公務員給与は、労使交渉を経ず、議会による法律で決定される。米国では労働基本権が憲法上保障されてはおらず（この点が日本と異なる）、公務員の争議行為は刑罰を伴って禁止されている。労使交渉の代わりに、官民給与比較調査の結果に基づき人事管理庁が給与改定の原案を作成し、専門家と職員団体代表からなる連邦給与評議会に報告、同評議会が改定率等に関する報告をまとめて人事管理庁長官、労働長官、行政管理予算局長官に提出、彼らの勧告を受けた大統領が改定率を盛り込んだ法案を議会に伝達するという流れとなる(村松編著2018：48–50)。ただ、給与改定には歳出承認法が議会で制定される必要があるため、議院内閣制の国々とは違って、行政府の長の意向がスムーズに通るとは限らない。大統領は国家の緊急事態や深刻な経済情勢などの場合には代替案を作成することができるとされ、実際はこの方式が主流となっているため、民間よりも低い水準に抑えられている。

ドイツの官吏は、特別の公法上の関係にある者であって「労働者」ではないので、争議権がないのも自明とされる。給与も労働の対価ではなく、国家への忠誠に対する「国家の扶養義務」として支払われ、退職後も(民間のような年金ではなく)本人掛金を必要としない恩給が支給されるなど、どこか鎌倉武士の「御恩と奉公」を彷彿させる。給与改定に当たっては、政府が提示した案に対して労働組合が書面で意見を提出、それを受けて政府が給与法改正案を議会に提出し、法律で決定される。なお、連邦政府に勤務するドイツの公務員には、官吏約19万人以外に、公務被用者(従来のAngestellteとArbeiterの2種類を統合)に属する者が約15万人存在し、このほか軍人も約17万人いる(2020年連邦統計局資料)。「公権力行使に携わるのが官吏、それ以外が公務被用者」とされているが、実際には両者の線引きは流動的で、外部からはわかりにくい。公務被用者は私法上の雇用契約関係にあるので民間と同様の労使交渉と協約締結が可能であり、この妥結状況が官吏の給与決定の際にも参照されている。

一方、英国とフランスでは、公務員給与は法律事項ではないため議会は関与しない。英国では省ごとの労使交渉によって給与決定がなされるが、財務省が交渉前にその原資を給与歳出として各省に割り振るので、同じ職位でも省が違えば給与も違う。なお、本省課長級以上については給与審議会の判断を経て政府が給与決定する仕組みとなっているが、労使交渉自体が禁止されているわけではない。フランスでは予算局の幹部の同席の下に、予算の枠内で政府案に対する協議の形で労使交渉が行われるが、協約締結権はなく、合意に至らない場合は政府が政令を決定する。政府の対応に不満がある場合のストは個人の意思表明の一環として認められており、幹部官僚がストに参加することも珍しくない(平成23年度人事院年次報告書)。このほか、詳細非公開の各省・コールごとのプリムと呼ばれる手当があり、基本給の数割に相当する模様である(前掲)。

なお、日本では、2006〜08年、与党幹部などから「公務員にも労働基本権を与えれば身分保障は不要になってリストラが進む」とさかんに喧伝《けんでん》されたが、4か国とも免職・降任等は勤務成績不良など所定の事由に限定されている。これは、国民に対して公正で質の高い公務を提供するための成績主義の帰結であり、労働基本権の有無とは何ら関係がない。

給与水準に関しては、独仏ではトップ企業からは劣る程度であるのに対し、米国では平均的企業との乖離が常態化している。英国でも、上位職種では公務の処遇が同種業務を行う企業に劣るために、公募しても要件を十分に満たす人材が得にくい（嶋田 2020a: 243-248）。他方、4か国とも公務員年金（ドイツは恩給）は民間よりも有利な傾向にあり、退職時給与の6〜7割程度の水準を保障した上で、退職後に職務上知り得た秘密漏洩《ろうえい》などの行為があった場合に年金権を剝奪することで、終身の忠誠を確保する措置が執られている。ただし、英国では2000年以降の年金制度改革で、（経過措置はあるものの）公務員年金の有利性が薄れる見直しを導入しており、今後の人材確保等への影響が注目される。

⑤勤務時間とワーク・ライフ・バランス

勤務時間については、英国では給与同様、各省の労使交渉で決定され、米独仏では法令で定められる。また、4か国ともフレックスタイムをはじめ柔軟な勤務時間の選択やテレワークが可能である。

公務員の残業時間の実態に関する詳細な公表資料はないが、米国の平均実労働時間（2016年）をみると、公務部門では週1・9時間程度の超過勤務があり、全産業平均よりやや短い（村松編著 2018: 80-81）。英米で全省庁を対象に行われている職員満足度調査の結果でも、日本のような「業務量に応じた人員配置」についての強い不満は見られない（英内閣府、米人事管理庁HP）。ドイツの職員満足度調査の詳細は公開されていないが、別のアンケート調査を見る限り英米と傾向は変わらず、職員団体を通じた把握がなされているフランスでも大きな違いはないと考えられる。4か国では、官民とも恒常的な時間外労働は想定されていないようだが、その根底には、あらかじめポストごとに所定勤務時間に見合った職掌が明示されているため、それを時間内に終えるという発想がある。誰かが休暇や育児介護などで不在となった場合に、他の職員が自発的にカバーすることもない。大部屋で個々人の職掌が明確化されておらず、突発的な仕事が入れば終わるまで全員で対処するのが当然、という日本の慣行の特殊性が浮かび上がる。

ただ、一般公務員が比較的余裕のある働き方をしているのに対し、幹部官僚や昇進を目指すエリート職員は、将来に向けた成果を出すために長時間を費やすことも厭わない。例えば、フランスでは、大卒程度以上の上位カテゴリーに属する官僚はそもそも超過勤務手当の支給対象となっておらず、ＥＮＡ出身の女性官僚について、「家事・育児を外注して深夜まで働く」「自分の意思で出産4時間前まで会議に出席し、出産後6日目に職場復帰した」といった体験談も紹介されている（村松編著 2018: 236）。フランスではこうした激務を生涯にわたる強い特権保障によって補っているということかもしれない。

では、霞が関での主たる長時間残業理由である国会対応は、これらの国ではどうなっているのだろうか。

大統領制下の米国では、行政府が法案を事実上用意することも多いが、審議自体への対応はない。議会から政府への口頭質問や文書質問は存在せず、代わって委員会の公聴会等で政府関係者の証言を求める形が取られる（廣瀬 2013: 7）。対応は主として政治任用者の役割との記述もある（村松編著 2018: 78）が、実際には担当部門の職業公務員が呼ばれることも少なくない（Workman 2015）。

一方、英独仏の3か国では、政府提出法案の審議への対応のほか、議会からの統制機能と位置づけられた行政府に対する文書質問（日本の質問主意書に相当）と本会議での口頭質問（日本では事実上消滅）への対応を要する。本会議と委員会の位置づけや与党事前審査制度など前提条件が多々異なっているため、日本との比較は容易でないが、この3か国における文書質問・口頭質問のうち主要なものからみていきたい。

英国議会における議員の文書質問については、期日指定のものを除き1週間以内(上院は10日以内)の回答を要するが、延長も可能である(英内閣府HP、濱野2019c: 12)。回答書作成に関する答弁費用限度額が設定されており、曖昧な問い方などによってその額を超える場合は答弁書作成を拒否することができるため(村松編著2018: 133)、議員側にも的確な情報を得るための工夫が求められる。なお、質問数の増大に伴い、各省は負担軽減のため答弁準備の専門部署を置く傾向がみられるが、該当分野の実務経験が乏しい職員では的確に作成できず、答弁の質の低下を招いているなどの問題も指摘されている(河島2013: 48)。本会議での口頭質問(クエスチョンタイム)は、首相に対しては下院で毎週水曜日に行われ、事実上通告なしで野党党首等との即興の討論の場となっている。省庁ごとに5週間に1回程度の頻度で割り当てられる大臣質問の場合は、3審議日前午後0時半までの文書通告が必要とされ、どれを聴くかは無作為抽出される(濱野2018: 3–4)。後半は通告不要の時事的質問で、大臣は省庁の課題について十分説明を受けているかが試されるため、官僚とともに幅広く入念に準備する(前掲: 4–7)。

ドイツ連邦議会における議員の文書質問については、質問類型によって受領後1〜3週間の回答期限が設定され(濱野2019a: 12)、時間的余裕があるために各省側での深夜までの残業原因とはなっていない（村松編著 2018: 176）。口頭質問は閣議日の水曜に行われ、事前通告なしで大臣または政務次官が答弁する。これに続いて、英国を参考に導入された質問タイムが設けられているが、こちらは緊急質問を除き前週の金曜日午前までの事前通告が基本であり、会派による質問内容の選別や調整が事前に行われている。答弁は基本的に政務次官で、稀に事務次官が行うこともある（濱野 2019a: 4, 12）。

フランス議会の文書質問には、下院で2か月、上院で1か月（1か月の延長可）の回答期間が設けられる（濱野 2019b: 12）。口頭質問については、討論を伴わない口頭質問、対政府質問などがあり、前者は2週間前（上院は8日前）までの事前通告を要するが、週1回行われる対政府質問は事前通告がなく、首相と大多数の大臣が出席して答弁する。このほか不定期に行われる対大臣質問もある（前掲、岡田他 2020: 61）。

次に、法案審議や委員会調査に関しては、英国の場合、政府提出法案を審議する委員会や省別課題等を調査する特別委員会で官僚から証言聴取が行われる（濱野 2019c: 9–13）。ドイツでは、法案の委員会審議で主管省庁の官僚が説明を行い、討論にも加わる（村松編著 2018: 176、服部 1995: 57）。フランスでも、法案の委員会審査には官僚が頻繁に出席して政府見解を説明し（大山 2013: 102、高澤 2019: 8）、調査委員会での聴聞や資料提出等にも対応する（大石・大山 2017: 107）。

3か国でこうした審議・調査にどれだけ官僚が出席し、どれだけ大臣等の補佐に時間を割いているかの詳細は今後の調査課題であるが、フランスでは議会対応を担う大臣キャビネで週末も含めた長時間労働が常態化し(村松編著 2018: 248)、英国でも議会からの質問急増で疲弊しているという官僚の声がある。

とはいえ、この3か国では、議員等への公式な説明はあくまでも大臣はじめ政治家が責任を持つべき領域とされ、数枚の資料による即興の答弁にも慣れている(前掲: 176, 197 等)。これに対し、日本では、事前の質問取りから(一日で100頁を超えることも多い)一言一句まで書き込んだ想定問答の準備まで官僚が政務三役の国会対応に対する綿密な支援を行う。与党政務調査会・各部会への対応をはじめ与野党議員への個別説明や調整、野党の公開ヒアリングへの対応も日常業務であり、政治の領域を官庁が下請けしている特異性が浮き上がってくる。

なお、ハラスメントに関し、英国では、メイ政権下で「議会や官庁は民主制にとって特別な場所であるが、同時に職場でもあり、働く者が安心できるものである必要がある」と大臣規範に明示され、部下である官僚に対し「職務に徹した態度で思いやりと敬意を持って」接する義務が追加された(嶋田 2020a: 255)。この点も、パワハラ防止規定が政治家には適用されない日本との違いである。

2　4か国の政官関係

官僚人事制度における政治家との線引きは既にある程度みてきたが、ここで改めて、4か国における政官の役割分担に関する哲学と、それを担保する仕組みとの関係を整理したい。

「官僚の仕事は政策執行」という建前がある米国に対し、英独仏の3か国では官僚が政策立案にも深く関わるのは当然とされる。ただ、こうした役割を担保するための人事上の仕組みには様々なパターンがある。英国では、「業務の協働」であればこそ部下たる官僚が大臣に耳の痛い率直な助言ができるように「人事の分離」を徹底し、政治的応答性が強く要求される上位ポストも含めて政治は人事介入を自制している。「権力への直言」が公務の最も優れた特質とされている(Burnham & Pyper 2008: 3)のは、「権力者は真実を告げる者を疎みやすい」という経験則の反映であろう。これに対し、米国では、「自分が選んだ者からの助言を信用する」という発想で、「業務の分離」と「人事の分離」を連動させて「政策決定に関与するポストは政治任用」「それ以外のポストは成績主義に基づく職業公務員」という二分法が取られており、英米間の哲学は正反対である。他方、両国とも、職業公務員に関しては独立機関を設けて、人事における政治的恣意の排除を託している。

独仏は英と米の中間的形態で、幹部人事に対しては一定の政治的関与があるが、ドイツでは幹部の登用にも成績主義が適用され、大臣がそれを覆せるのは更迭場面のみであり、フランスでは大臣による自由任用は身分に影響を及ぼさない一時派遣の形でなされる。高級官僚群にその時々のポストとは切り離した生涯保障が付与されているために、政治家におもねる必要が乏しい。

このように、官僚が人事的制裁を恐れることなく職責に専念できるようにする措置としては、独立機関が客観的人事基準の適用を監視する国（英米）と、集団としての官僚群に付与された自律性に委ねる国（独仏）との2パターンがみられる。また、直言が容れられず辞職した後の生活保障も、上司たる政治家にどこまで率直な直言ができるかを左右する重大な要素だが、英米の場合は労働市場の流動性が高く、公務外に職を求めることが困難ではない。政官が高度に融合しているフランスでは政財界との行き来も頻繁で、ドイツでは更迭後も給与・恩給が保障されている（嶋田 2020a: 187–188）。

さらに、官僚の果たすべき役割について、法令で明記する国々もある。ドイツでは長年にわたり、「官吏は全国民に奉仕し、一党派に奉仕するのではない。官吏はその任務を非党派的かつ公正に遂行し、その職務遂行に際しては公共の利益を考慮しなければならない」（官吏法第60条

1項）と規定されている。また、フランスでは、2016年の法改正の際、「公務員は、尊厳、非党派性、清廉性、誠実性をもって職務を行う。職務遂行においては、中立の義務を負う」（官公吏一般規程（法律）第1部第25条）という条文が新設された。英国でも、2006年の公務員規範の改正で、公務員が遵守すべき中核的価値として「清廉性」「誠実性」「客観性」「中立性／政治的中立性」という四つが明示され、この規範に対してはその後、法律上の根拠（2010年憲法事項改革・統治法第5条1項）も与えられている。

3か国に共通するのは、「非党派性／政治的中立性」が法令上の官僚の義務とされている点である（コラム2参照）。この中立性の義務は、官僚である限り守るべきものとされ、政権への忠誠や応答性が重視されるドイツの政治的官吏やフランスの自由任用の幹部も例外ではない。政治的中立性のほか、社会に対する「中立性」として、フランスでは宗教的中立性（laïcité：ライシテ）、ドイツでは様々な利益・利益代表に対する非党派性も重視されている（前掲：184）。

一方、米国の場合、幹部は政治任用なので、政治的中立性が不要であるのは当然とされる。通常の職業公務員に関する法令上の規定はないが、伝統的には「中立的能吏性」という価値が重視されている（第4章参照）。

これら4か国と日本の官僚に要求される役割を、前章で用いた「自律性」と「政策関与」の

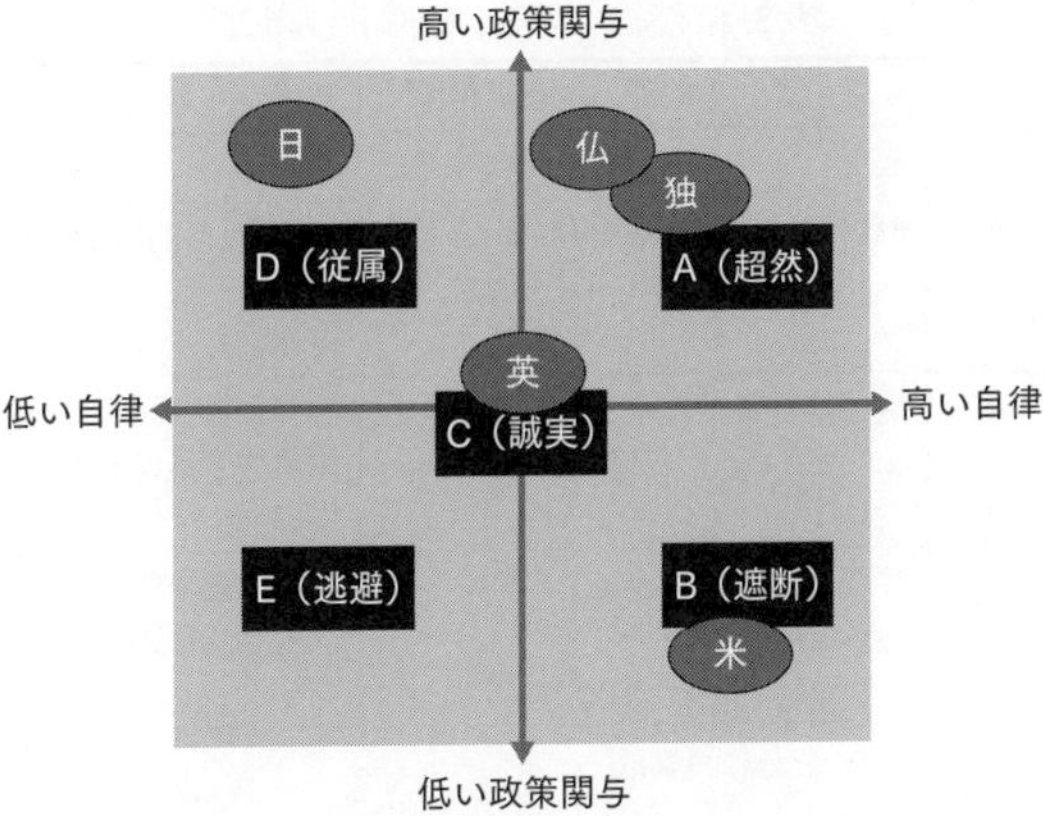

図3-4　職業公務員に期待される役割
出典：筆者作成

二つの軸を使って位置づけると、図3―4のように表すことができる。

官僚に政党や部分利益を超えた「国家」「一般利益・公益」の体現が期待されるドイツ、フランスでは、政治との関係における「中立性」は、伝統的にはA型の「超然」に近い性格があった。ただ、ドイツの内務省幹部が「全国すべての現場における執行知」が官僚の公益判断を支えていると述べているように（嶋田 2020a: 171）、官僚に独善的な価値判断が許されるわけではなく、また、幹部については政権への忠誠や応答性の要求も強い。このため、ドイツ、フランスの幹部の立ち位置は、自律性の軸ではA型よりも左寄り（A^-）と言えよう。

英米では対照的に、「公益とは選挙を通じて

表 3-1　幹部に関する人事制度の特徴

	成績主義	幹部の主な供給源	政治からの人事統制
英国	適用	行政官または外部	なし
ドイツ	適用	行政官(高級職ラウフバーン所属)	幹部[政治的官吏]は更迭可能 更迭後も給与は保障
フランス	幹部は不要	行政官(グランコール所属)	幹部は自由任用(派遣) 派遣終了後は元のポストに復帰
米国	幹部は不要	外部	幹部は政治任用 上院承認や人事管理庁の関与

出典：嶋田 2020a を基に再構成

判断するもの」という考え方が根づいている。英国の「政治的中立性」は、政権交代を念頭に置いた「いかなる政権にも同じように専門家として誠実に仕える」というC型(誠実)である。この役割は、「党派政治には与《くみ》しないが、政治的に応答する」「政策に深く関与するが、決定は政治の役割」という微妙なバランスの上に立っており、公務員規範、大臣規範等でそれぞれに要求される行動について詳細な定めを行うとともに、定期的に内容を見直している(前掲)。米国では、職業公務員には政策執行に専念させる代わりに政治的影響力から遮断するという建前があり、理念上の中立性は基本的にB型(遮断)であるが、次章でみるように、現実はその建前から乖離している。

幹部に関する各国人事制度の特徴をまとめると表3―1のようになる。

コラム1　国際機関人事

国際連合や専門機関などに勤務する職員は国際公務員と呼ばれる。筆者は2000年度から2002年度までの3年間、ジュネーブに置かれている日本政府代表部に出向し、人事担当の外交官として、国際公務員人事の生々しい運用実態に触れる機会を得た。

事務総長などの上位ポストは加盟国の投票による選挙職、事務次長クラスでは国・地域バランスを考慮した選任、それ以外のポストは空席公告による公募が基本であり、米国型人事に近い。他方、特定の国出身の職員への偏りを避けるため、拠出金の額などに応じて国ごとの適正職員数をあらかじめ定める仕組みが設けられ、それに満たない国（underrepresentation：アンダーレプ）からの応募者は、同じ条件であれば優先して採用される。日本はほとんどの機関でアンダーレプに該当する。

外務省では国際機関で勤務する日本人を増やすため、日本政府の資金によって2〜3年間、若手に国際機関での勤務機会を付与するＪＰＯ（Junior Professional Officer）派遣制度などを通じた支援を行っている。ただ、修士号と語学力（英語に加え、もう一つ国連公用語も求める機関が多い）のほか、応募段階でそのポストに必要な専門的職業経験を既に積んでいることが要求されるため、内部育成型の国内労働市場との相性が悪く、欧米の応募者のように、自国や周辺国での勤務と国際機関との行き来を繰り返してキャリアアップしていくことは容易ではない。「開放型」とは、内部育成型と違って、職務能力の伸長には自らに投資を続ける厳しさが伴うことを実感させられる。

ただ、日本の国家公務員の場合は、国際機関派遣法（1971年施行）が適用され、身分を保ったまま国際公務員として勤務することも可能である。若手の時期に数年間、国際機関で経験と人脈を獲得し、所属府省に戻って十分な職務経験を積んだ上で、影響力の大きい国際機関の幹部ポストに再び応募するというキャリアパスを支援することは、国益にも資すると言えよう。

なお、公募制の下でも、まったく人間的要素が排除されて能力評価一辺倒になるわけではない。上司はじめ共に働く職員との相性は採用に当たって最重要とも言える要素であり、既にその部署で知られている、他機関での実績が口コミで伝わっているなど、内輪での評判の良さが有利に働く。また、公募を出す段階で意中の人を念頭に置きながら必要な能力・経験要件が書かれることも多く、属人的要素が大きい。いくら理想の人材像を掲げてみたところで得られなければ意味がないわけで、目星をつけてから公告を出すのは現実的な選択肢であろう。このため、有力者とのコネづくりや売り込みは採用に欠かせないプロセスである。

とはいえ、公告を出せば、その内容の妥当性を説明する責任は機関側に生じるし、その要件をより満たすことが明らかな人物が思いがけず応募してくれれば、そちらを選ばざるを得ない。その意味で、公募だからといって属人的配慮がなくなるわけではない一方、事前の要件明示を機関に義務づけること自体に、内輪でしか通用しない理屈を抑える効果があると言えよう。

コラム2　規範にはならない「専門性」

官僚制の本質として「（政治的）中立性」が教科書で言及される際には、しばしば「専門性」が対語のように並べられる。「官僚制的行政は知識による支配を意味する」としたウェーバー(2012: 48)も、官僚の理念型として「専門資格に基づく任命」を挙げ、歴史的には、支配者の素人芸では対応できない分野として、財政・軍事・法律という三つの領域で専門官僚制が勝利したとする(2018: 118)。ただ、前述のとおり、官僚への「中立性・非党派性」の要求を法令で明示する国はあっても、「専門性」を要求する例は見当たらない。考えてみれば、対価に見合った「専門性」は大抵の職業で要求され、政治に仕える官僚固有の規範である「中立性」とは同じ位相にはないようにみえる。

そもそも「専門性」も確立した定義がある言葉ではない(内山他 2012: 6, 208)。ジェネラリストと対比されるスペシャリスト、特定分野への精通の意味で使われる場合は、日本の現状、特に政治国際、法律、経済等の試験区分で採用されるいわゆる事務系(第1章参照)の「専門性不足」への批判と結びつくことが多い。また、村松岐夫は「専門性」を「当該職に不可欠な知識を持ち利用する力を意味する」とした上で、その水準は、「自ら学会報告ができるほどであり、外国の同等職の人物と常にコミュニケーションのある人物」「年中、専門家の国際会議に出席し、日本の事例から会議をリードするような人」を挙げる(村松編著 2012: 190)。

しかし、「専門性」が職責を果たすために不可欠な特定の知識・能力を意味するのであれば、官僚の専門性は「その国で期待されている役割」によって変わるはずである。スペシャリストであれば外注する選択肢もある。官僚の役割を論じないままに専門性の高低を評価すると、(公務遂行とは無関係の)論者が日頃抱いている序列意識の投影となる恐れもある。

日本の官僚の最大の役割は、法令等の作成と並んで利害関係者の政治的調整である。幹部官僚の多くは「自分は専門性がない」という表現で、こうした調整能力の高さを誇る。特定分野への精通は、昇進ポストの幅を狭めるリスクにもなる。短期間で異動するごとに即座に新たな知識を吸収し、それを対外的にわかりやすく説明して説得する彼らの能力は、「特殊な適性と長期的習熟を要し、簡単に代替も効かないexpertise」として、専門能力の一種と呼べなくはない。他方、こうした吸収力と調整能力を最重視してきた霞が関でも、近年は体系的知識蓄積の必要性が認識されつつある（第1章インタビュー参照）。

他の内部育成型の国々をみると、官僚の能力としてポストを問わない汎用性が重視される。ドイツでは行政文化が法学志向であるため法律策定・解釈の知見が伝統的に重視される（クールマン他2021: 91–92）のに対し、フランスでは組織管理能力が重視され、企業との行き来も活発である。さらに、ドイツで連邦議会、フランスでは大臣キャビネでの勤務が昇進に有利であることからは、日本と同様、政治的調整力が両国の幹部に要求される能力の中核であることがうかがえる。

一方、開放型の国々では、個々のポストに要求される経験やスキルとのマッチングが重視される。米国ではもともと民間も含めてジョブ型の転職が盛んである。一方、英国では、官僚には歴史や古典など人文系教養を有するジェネラリスト志向が強かったが、サッチャー政権以降は特定のスキルを持つスペシャリストへの転換が奨励され、専門技能の言語化やマトリクスを使った能力開発の試みも進んだ。政策立案を主たる業務とする官僚についても、「政策職」という専門性を持つグループとして、「分析と証拠使用」「政治と民主制」「政策実施」という3要素の知見が要求され、例えば「証拠」であれば統計・データ分析、経済学、科学技術など、具体的に獲得すべき知識能力も示される(嶋田 2020a: 225–226)。ただ、これら「専門性」要件を掲げて公募してもその通りの人材は得られず、各省側も職員の専門分野への関心は薄いなど、掛け声と長年の「ジェネラリスト信奉」とのギャップは大きい(前掲: 224–248)。

結局、「専門性」は能力の問題であって、守るべき行為規範には馴染みにくい。ただ、各国で官僚に「中立性」が要求される理由を突き詰めれば、「政党政治では体現されない価値を国民に提供するため」に凝縮される(前掲: 205)。その「価値」を「専門性」と相当程度重なり合うものととらえるならば、「中立性」規範は、「専門性」が十分に発揮されるための手段・基盤という関係にあると整理できよう。一方、それ自体の志向や利害を持つ「専門性」を想定すれば、中立性規範との関係はまた異なってくる。このテーマは改めて掘り下げたい。

3 近年の変化

4か国とも、財政赤字や行政の機能不全などを背景に、1990年代頃から公務員制度の見直しに取り組んでいるが、その内容や程度は様々である。

４か国共通の動きとしては、短期的業績を給与に反映させる試みが挙げられる。英米両国では、管理職を中心に業績評価を毎年の給与決定に連動させる改正が行われ、従来は年齢による自動昇給が行われていたドイツでも、１９９７年以降、勤務実績の給与への反映が緩やかながら実施されている。同じく年功的給与であったフランスでも、２００２年から業績評価が昇給に反映される仕組みとなったが、２０１７年に廃止されるなど揺れ動きが見られる（村松編著 2018: 297, クールマン他 2021: 281–293, 306, 316–317, 324）。

個別にみると、英国ではＮＰＭ（New Public Management：新公共管理）改革を旗印に、短期的効率性を重視した Next Steps 報告に基づき、執行部門を政策立案から切り分けるエージェンシー化が進み、公務員人事においても、内部育成型から開放型への転換が行われた。人事管理に関する各省への権限移譲が進み、１９９１年以降、府省独自の採用試験や公募も行われるようになったほか、１９９３年以降は一定範囲内で給与に関する制度も各府省に委ねられている（村松編著 2018: 300–301）。一方、いったん１９９１年にエージェンシー化の一環として事実上廃止された人事委員会については、幹部公募等が進むにつれて、「公務の不偏不党性を補強すべき」という議会等の声に応えて、より独立性が強化された形で復活し、２０１０年に憲法事項改革・統治法という形で公務員法が初めて成文化された際には、同委員会に法的根拠も付与された(嶋田 2021: 153–154)。

さらに、官僚の政治的応答性を強める改革として、特別顧問の活用が進んだほか、キャメロン政権下では幹部任用や人事評価に対する大臣の関与を強める公務改革計画(2012年)が決定された。ただ、各大臣が複数候補者から事務次官を選ぶ形にするという提言には人事委員会や下院特別委員会等が懸念を示し、協議の結果、各大臣ではなく首相が選択する方式が導入された。また、公務人材計画(2016年)に基づき、官僚の専門能力伸長のための新規プログラムも次々と打ち出されたが、超党派による2018年の下院の行政憲法問題特別委員会報告書は、「(官庁側の)「願望」を述べるだけで、実際の成果に結び付いていない」と厳しい評価を下す。政官関係に関する一連の改革についても、同報告書は「公務員をいかにより応答的にし、より説明責任を果たさせるかに集中する傾向があり、大臣側が果たすべき役割への言及は少ない」「公務員が大臣に資源の制約や現実的な執行の時間枠について指摘すると抵抗とみなされたり、対話自体が避けられたりする」と、大臣側の一方的な要求に苦言を呈している(嶋田 2020a: 239–244)。

米国では、1970年代から職業公務員の応答性を強める改革が試みられ(第4章参照)、

1990年以降は行政ニーズに応じた短期的業績や効率性を重視する傾向が強まった。クリントン政権下では人事に関する規制緩和・各省ごとの分権化が進められる一方で、各省の人事部署が縮小され、詳細な人事マニュアルも廃止された（村松編著2018：301）。なお、公務員の政治的行為の制限を定めたハッチ政治活動法は1993年に大幅に緩和され、FBI（連邦捜査局）など一部の職種を除き、勤務時間外の政治的集会への出席などが広く認められるようになった。

また、給与・任用の公正性・統一性を担保するために人事管理庁（OPM）が求めてきた職階制に基づくポスト分類については、従来から作業負担が大きいという各省庁の不満を招いていたが、連邦航空局など一部の機関は1989年から適用除外を勝ち取り、国土安全保障省や国防総省などにも大幅な特例が認められた。ただ、採用ルールやメリットシステム保護委員会の審査からの除外はなく、公正性への不満を持つ職員との争いが絶えなかったこともあり、結局、いずれも統一的人事管理からの離脱は挫折している。

さらに、約5400名の大所帯に膨れた人事管理庁に対し、トランプ政権は2019年、政府職員の個人情報流出や採用候補者の経歴審査の非効率への不満を理由に、解体して行政管理予算局や国防総省等に機能を分割する方針を決めた。しかし、これに対抗した議会側は、非営利・非党派の第三者研究機関である国家行政アカデミーに人事管理庁の課題の検証を委ねる

2020年国防授権法を成立させ、同庁を存続させている(嶋田 2021: 157)。

一方、ドイツ、フランスでは、NPM改革の発想自体は取り入れられなかったものの、公務の効率性向上に向けた分権化や結果予算、契約的手法の導入などが実施されている。ポリットとブカールトはこうした国々の志向をNWS(Neo-Weberian State: 新ウェーバー型国家)と名付けており、NPMとの違いは次章でみていきたい。

ドイツでは、1990年の東西統一によって旧東ドイツの公務員を大量に吸収したため、人員削減に向けて空きポストの不補充を余儀なくされた。また、東西各州の経済力や財政事情の違いも大きかったことから官吏制度の分権化が必要となり、政策決定の迅速化、決定責任の明確化等を図る目的で、2006年に連邦制改革が行われた。これによって、連邦・州・市町村勤務のすべての官吏に多くの同一規定が適用される従来の仕組みが見直され、身分に関する権利・義務などを除いて州政府で独自の定めができる範囲が広がって、給与水準にも州による差が生ずるようになった(村松編著 2018: 192)。なお、1994年に連邦鉄道、95年に連邦郵便がそれぞれ民営化されている(前掲: 300)。

フランスでは、2007年のサルコジ政権成立以降、それまでの大きな政府やエリート支配の伝統からの転換を示す動きが目立つようになっている。人員削減に関し、同政権下では退職者2人につき1人しか補充しない政策が進められ、その後のオランド政権下では全体数は維持しつつ必要な分野には重点的に増員する方向に転換したものの、マクロン政権下では再び公務員数削減が進められている(クールマン他2021: 118, 159)。

エリート支配の見直しに関しては、サルコジ政権下で、ENA修了者が卒業時の成績順に所属コールを指名でき、成績上位であればコールの中でも特に威信の高いグランコール(国務院群、会計検査院群、財務監察官群など)に所属できるという長年の仕組みの見直しが試みられた。これは挫折したものの、2018年からの「黄色いベスト」運動が象徴するように、大企業や高級官僚などへの抗議活動がさかんになり、とりわけ特権的官僚育成の象徴とされたENAへの風当たりが強くなった。マクロン政権下では、ENAを廃止してより一般的な育成方式に切り替える改革が打ち出され、2022年1月からINSP(Institut national du service public: 国家公務学院)に移行した。INSPでは奨学金制度を充実させて幅広い層からの人材発掘を図るとともに、成績優秀者が最初からグランコールを選べる前述の慣例も廃止する模様である(2022年1月29日毎日新聞、人事院資料)。

なお、OECD諸国における人員削減の効果に関しては、組織や管理部門に重い負担を強いることになった、公務員の責任感を減退させ、結果として市民に対するサービスレベルの低下にもつながったなどの指摘もある(クールマン他2021:119)。

4　小括――日本の特徴は、①政治的応答の突出、②無定量な働き方、③人事一任慣行

英米独仏4か国の官僚制は、「内部育成型」(独仏)か「開放型」(英米)か、「成績主義貫徹型」(英独)か「政治任用多用型」(米)か(フランスは両者の中間)という二つの軸で分類することができる。高い政治的応答性を要する幹部についてみると、職業公務員以外を政治任用する国(米)もあるが、独仏では高級官僚群の中から選ばれるのが基本で、英国では成績主義に基づいて要件を最も満たす応募者が公務内外から選任される。

人事の恣意性を排除するための仕組みにも二つの型があり、独仏では身分制官僚集団の自律性、英米では独立第三者機関による基準設定と監視が機能している。さらに、4か国とも、各ポストの職責明示と本人応募が人事の基本であるため、官僚は当局による配置を待つ受け身の立場ではなく、無定量の恒常的残業も一部エリート層を除いてみられない。

また、人材の質は、採用・育成方法だけではなく、給与などの処遇にも左右される。給与等に関しては、労使交渉に委ねる英仏(ただしフランスには協約締結権なし)と、議会が決定する米独

とに分かれるが、後者のうち米国では処遇の官民均衡に失敗し、優秀な人材確保に窮する状態が慢性化している。外部公募型に切り替えた英国でも、上位ポストでは民間との処遇差が人材確保の支障となっている。なお、精緻な官民均衡方式が実施されているのは日本以外にないが、これは日本では憲法で労働基本権が保障されていること、にもかかわらず公務員にはそれを制約する措置を講じたことの帰結であろう。

1990年代以降、4か国とも公務員制度に関して様々な改革を行っている。官民の区別が曖昧で、政府も社会の一員に過ぎないと考える英米と、政府に特別の役割を期待する独仏とではおのずと方向も異なり、前者は民間経営に倣った動機づけなどの大規模改革、後者は公務固有の役割は維持しつつ課題に対処する漸進的改革を進めている。ただ、改革の成果でみると、どの国からも「学ぶべき成功例」というほどのものは見出しにくい。

また、大統領や首相・大臣等への応答性の要求は4か国いずれでも強まっているが、官僚への過剰な従属要求に対しては、議会(米)や議会の超党派委員会(英)などからの牽制も行われている。官僚の「政治的中立性」規範が法令等で明示されるなど、政党政治だけでは担えない価値への共通理解があることも、政権との一体化の行き過ぎへの歯止めとして機能している。

こうした4か国の運用を補助線として引いてみると、現在の日本には、①牽制不在の政治的応答の突出、②官僚の無定量な働きへの依存、③人事一任慣行による萎縮、という特殊性があることが浮かび上がってくる。もちろん、歴史的・文化的な背景や統治機構の設計、さらには民間も含めた労働慣行などが存在する以上、他国との違いがあること自体は問題ではない。重要なのは、そうした差異が何から生じ、行政運営にどのような影響をもたらしているかである。以下、それぞれ掘り下げていきたい。

①牽制不在の政治的応答の突出

4か国とも、幹部官僚には高い政治的応答性を求めるが、同時に、上からの圧力によって官僚が本来の役割から逸脱しないよう様々な工夫が講じられている。一つが人事における政治的情実の排除であり、もう一つが政権の判断に対する外部からの検証である。

まず、人事制度上の情実排除としては、英米(政治任用者を除く)では独立機関による選考要件あてはめのチェック、独仏では官僚群の身分的自律性が存在することで、政治家への過度のおもねりを防いでいる。「政治的指示への誠実な応答」が、「政治家個人の家臣化」と同義ではないことが明確に認識されている。

戦前の日本にはドイツ型に類似した官僚群の自律性がある程度存在したが、戦後はそれに代わり、米国型の第三者機関による人事の恣意性排除が目指された。しかし、各省側は人事の自律性保持の方を重視し、第三者機関の統制への警戒感が強かった。こうした状況が半世紀以上続いた後、平成期改革においては「官僚内閣制打破」というスローガンの下、各省幹部人事の自律性が政治主導を妨げるセクショナリズムの元凶と徐々に位置づけられていった。

ただ、この改革に先行した政治改革では、小選挙区制、副大臣・政務官制度、執政部強化による首相への権力集中という英国型がモデルとされた。これを考えれば、公務員制度に関しても英国型への移行、すなわち、「その時々の行政ニーズに応えるために必要な人材像は政治が明示する」、一方で「官僚からの率直な助言を確保するために人事過程への介入は控え、要件を最も満たす応募者の選考を外部機関に委ねる」という仕組みを取り入れる選択肢もあったはずである。しかし、実際に導入されたのは、総理と内閣官房長官の直轄下に幹部人事を集約する仕組みであり、各省の自律性が消えた一方、英米型の独立機関による恣意チェックも根づかないままで、官僚の率直な助言を担保する装置の空白状態が生じた。

次に、政権に対する外部からの検証としては、4か国とも政権交代が定期的に生じている。近い将来、批判的検証にさらされる可能性が高ければ、官僚制の私物化・家臣化には自重が働く。加えて、立法府からの牽制、司法府による事後的政策判断も、政権から官僚への命令の妥当性をチェックする機能を果たしている。これに対し、日本で政権交代は根づかず、司法府や立法府による政権与党の政策への牽制もほとんど機能しない。現行制度下で、建設的な牽制力として機能する可能性があるのは参議院だが、このほか、政権の指示や政策決定までの過程の詳細の記録義務づけの導入も考えられる。再三述べてきたように、これは改革基本法にも規定されていた。いずれ第三者からの検証を受け得る状態下に置くことは、力関係を背景にした家臣扱いの自制に役立つ可能性がある。

前記の議論に対しては、「選挙を通じて国民に信任された総理や大臣の判断を「恣意的」と決めつけるのは独善」という批判があろう。だが、選挙においてすべての個別政策への判断が下されるわけではない。急速に変化する環境の下で多岐にわたる課題への具体的方策を決めるのは、政治家と官僚の日々の協働に委ねられている。補佐役たる官僚の主な責務は、専門知識と現場での執行知、過去からの経緯や客観的なデータに基づく将来予測などの提供であり、それらの伝達は選挙を通じた国民の審判と矛盾するものではない。ここで留意すべきは、客観的事実や専門知識は、政治的願望の妨げとなることも多いという点である。生身の人間にとって、上司の怒りが予測される不快な真実、例えば資源の制約や長期的損失の見通しを客観的に伝えるのは至難の業である。

英国では、政治の健全性を守るための機能として、「権力への直言」という官僚の責務が議会でもしばしば言及される。不愉快な事実を直視する意義が理解され、それが政治家の人事介入自制の伝統と結びついていることは、日本にも有益な示唆となろう。

②官僚の無定量な働きへの依存

「政治と官僚それぞれが担うべき役割」に関し、4か国ではそれぞれ一定の理解が浸透しているのに対し、政治主導の掛け声が先行した日本でそうした議論は乏しかった。その背景には、「身を守るのは個々人の責任」という反・行政国家の発想とは対照的に、国民やメディアの間に「あらゆる社会問題に政府が対処するのは当然」「やる気さえあれば官僚が解決できるはず」という官僚への過剰な期待があることが推測できる。コロナ禍前の2019年に行われた世界価値観調査をみても、日本で「安全な暮らしに国は責任を持つべき」と回答した者の割合は76・6％で、77か国中5番目に高い（「個人が責任を持つべき」は21・6％）（電通総研・同志社大学 2021:14）。

明治期から高度成長期にかけて官僚は国の発展に貢献したと評されてきたが、この発展は時代背景に恵まれたことも大きい。同様に、1990年代以降の政策の失敗は、官僚の劣化がすべての原因ではなく、少子高齢化による財政悪化や一国を超えた世界的課題の急増など、構造的変化の影響も大きい。しかし、過去の成功体験があった日本では、変化を直視するよりも、「官僚を統制しさえすれば元通りにうまくいく」という楽観論が他国よりもはびこりやすかった可能性がある。

また、日本はもともと主要国の中でも小さな政府であったが、本来、適切な職員数の算定は、行政がどこまでの役割を担うかという議論と不可分であるにもかかわらず、「少ないこと」が絶対的善とされてきた。これは、個々人の職責や職務の範囲が明示されないという官民共通の労働慣行とも結びつく。行政需要が増大し、手続面でも政策評価や情報公開など要求される作業が明らかに増えているにもかかわらず、仕事総量の算定もなされないまま、各省や個々の官僚の自助努力による定員内処理が求められてきた。「無駄な慣習の排除・職場文化の見直し」「IT化」という抽象的な掛け声が繰り返されるばかりで、どこを切れるのかが検証されることもなかった。外交交渉や防災政策を考えればわかりやすいが、体制の脆弱性はアウトプットの品質に直結する。同様の政策課題に取り組む他国よりも少ない人数で対応しているとすれば、業務の質が低いか、個々の官僚に過剰な負荷を課しているかのいずれかしかない。

また、４か国では所定時間に見合った職責が個々人に明示的に付与されるという人事の基本があり、他律的業務対応による残業慢性化はみられない。仮に新たな業務が生じたとすれば、その職責に応じた人員配置か、別の職務の削減かという判断がなされることになろう。議会質疑についても、全部署で大臣に対する一言一句までの答弁支援を行う日本の特異性は顕著であり、「民主主義の要求である以上、官僚は無制限に対応すべき」という「常識」も他国には存在しない。無定量で政治とともに働くことを受け入れているのは、強烈なエリート支配の特権を享受してきたフランスの官僚くらいのようにみえる。

とはいえ、大臣が部下の無制限の献身を要求するのは日本に限った現象ではない。例えば英国では、時間や資源の有限性を考えて優先順位をつける代わりに、曖昧な願望を示してやみくもに達成を指示する大臣が官僚たちを疲弊させ、モティベーションを下げている。ただ、日本では「官僚への統制は強いほど良い」という議論で終わりやすいのに対し、英国では超党派の下院特別委員会、すなわち与党議員も含む大臣の同輩たちが大臣をたしなめる点に違いがある（嶋田 2020a: 230–248）。

③人事一任慣行による萎縮

内部育成型か開放型かを問わず、4か国の人事では個別ポストの職責があらかじめ明示され、本人がそこに応募する方式が基本である。対照的に、日本では官民問わず、当局による一方的な配置が慣例となっており、各ポストの任務も前任者から大ざっぱに引き継がれるだけで、具体的な職掌は時々の配置事情や属人的要素で伸縮する。ポストに要求される経験や能力要件も、人事決定過程も可視化されていないため、人事決定権者への過剰な忖度がもともと生じやすい構造がある。ただ、従来は長期的な貢献が評価されていたため、族議員や有力OBに忖度はしても進言の自粛までは要しなかった。

2014年から幹部人事一元管理が導入されたことで、忖度すべき対象は総理と内閣官房長官に移行している。この集権化には、その省の歴代OBが担った政策の無謬性墨守や国益を無視した省益追求という長年の弊害を防ぎ、その時々の政策課題に応じて最適人材の機動的配置が可能となるというプラス効果が期待されていた。政策の優先順位づけは価値判断であるゆえに政治の本質であり、結果責任を負うのも政治である以上、人事一元管理は政治主導に沿った適切な仕組みである。ただ、この改革に付随する不可欠な要素として改革基本法に掲げられていたのは、前章でみたとおり、政策決定過程の記録・公開と、人事配置理由の国民に対する事後説明であった。それらの項目は積み残し、選考過程が可視化されない慣行も維持したために、人事配置が時の判断権者の感情に影響される余地が拡大し、(実際には完全に能力主義だったとしても）不興を買う恐れのある言動を避けるという官僚側の萎縮を生んでいる。

これを是正するには、前述の英国型の導入も一案ではあるが、公募制と外部選考への一足飛びの移行には大きな摩擦が予想される。一方、当局一任人事の基本は保った上で、主要ポストについては具体的職責と求められる能力・経験（職務記述書）を事前に公開し、特定の人材が選ばれた後に要件に照らして最適任と判断した理由を公表するという運用を取り入れることは、改革基本法の趣旨に沿う上、難易度も高くない（嶋田 2020a: 259）。ポスト要件とあてはめの妥当性を外部から検証できる形にするだけで、官僚の過剰な自粛を払拭しつつ、政治的な説明責任を果たすという目的も貫徹できると考えられる（コラム1参照）。

職務記述書の作成といえば、戦後、国公法で要求された職階制が日本に馴染まず、結局廃止された失敗が思い出される。しかし、2007年の人事評価制度の導入以降は、年2回の業績評価が定着し、各ポストの具体的業務内容の記録が既に積み上がっている。これをベースに、その時々の政権の政策優先順位に沿ってアレンジするだけで、主要ポストの職務記述書は比較的容易に公開できよう。

当局一任型人事のもう一つの問題点としては、これを続けようとすれば、「生涯にわたって面倒をみる」という保証が必要になることである。実際、4か国においても、軍人や外交官などには当局一任型に近い定期異動もみられるが、こうした職種には特に高い威信と生涯にわたる生活保障が付随している。職員本人の自律的キャリア形成を許さないまま、登用されるか否かはその時の政権の裁量という日本の現状は、長期雇用契約としては割に合わない。これを是正するには、一部有力省庁で既に始まっているように、職員が先を見越して特定分野の能力伸張に自己投資することを奨励し、人事配置でも配慮することが不可欠となってこよう（嶋田2020b）。職員側も、「尽くしたのに報われなかった」と嘆く代わりに、「どの能力を伸ばせば将来的ニーズが高く、キャリアパスとして有利なのか」を主体的に考える姿勢が重要となる。

＊

4か国との比較を通じ、日本では公務員制度改革の過程で見落とされた視点が少なくなかったことが明らかになった。特に、官僚への期待が過剰であるために、資源にかかわりなく政権に命ぜられたとおりの結果を出せ、どれだけ仕事が増えようが自力で解決せよという精神論がまかり通ってきた特徴が浮かんでくる。改革から8年が経過した現在、改めて、「官僚の果たすべき役割」と、「それを発揮させる実効性ある仕組み」との結びつきを冷静に問い直す作業が必要となっている。

一方で、主要国をみると、官僚制への批判を受けて様々な改革が進められてきたものの、なかなか狙い通りの成果が挙がっていないこともわかる。「教義が先行した」と言われるNPM改革(第4章参照)が示すように、改革はその時代の空気に流されやすい。しかし、長期的変化に耐え得る仕組みを考えるのであれば、その時々の感性だけでなく、賢人たちの洞察や、理論が狙いとは異なる副作用をもたらした歴史の教訓も学んでおく方が、迂遠にみえても近道となろう。

次章では、主要な官僚論に目を向け、今後の日本の官僚制をより良いものとしていくための手がかりを探していきたい。

第4章　官僚論から現代への示唆

——どうすれば理念に近づけるのか

1　官僚制改善に向けた手がかり

１９６９年に官僚制に関する議論の歴史をまとめたマーティン・オルブロウ（アルブロウとも表記される）によれば、「官僚・官僚制」という言葉の初出は18世紀半ばのフランスである（Albrow 1970: 16）。この言葉自体に「強い感情的な含意」「ののしり」があり、常に「改革されるべきもの」という価値判断が随伴している。オルブロウは、19世紀以降も国家に対する市民の不満が官僚制に向けられる状態が続いたとして、「誰もが官僚制を非難するくせに、自分が必要とするすべてを求める」（フリードリッヒ・フォン・シュルテ）といった言葉も紹介している（前掲：24–25）。

実際、近年も、「官僚制であるがゆえに改革されるべし」という視点からの提言は日本でも他国でも数えきれないほどなされてきたが、ここまでみてきたように、改革の画期的な成功例は見当たらない。実効ある改革を目指すのならば、改革それ自体を達成目的とするのではなく、到達すべき官僚の姿（役割規範）を示すとともに、その姿を引き出す適切な仕組み（官僚制）をどう作るかが問われなければならない。

本章では、マックス・ウェーバーから現在に至るまでのほぼ100年間の官僚・官僚制に関する議論の中から、今後の官僚制改善を考える上で有益な示唆を含むと思われるものを取り上げ、それらの実現は可能か、実際に機能するのかを考えていきたい。ここで学術史的な整理や精緻な解説を行う意図はなく、取り上げ方にも偏りがある。日本の官僚制をより良いものとしていく手掛りを探すという実務的関心からの選択であり、専門書のように各論の全体像を網羅しているわけでもない。ここでの紹介を通じ、官僚という職業を考えている学生たちに対して、人々が官僚に何を求めてきたかを伝える一方で、誇りや使命感を無視した「理論」が現場にもたらした副作用も振り返り、生身の官僚を国民全体の奉仕者とするために必要な具体的条件を示したい。

2　感情を排した執行か、思考停止の回避か（ドイツ）

①ウェーバー——民主制とのディレンマ

ウェーバーは、官僚制を研究対象として正面に据えた最初の研究者だとしばしばいわれる（野口 2011：32）。彼は近代の官僚制について、規則による権限分配、階層制（ヒエラルキー）、私生活からの分離、専門教育を前提とする職務活動、専業と契約労働、規則に基づく職務遂行などの特徴を備えることを指摘する（ウェーバー 1987：7–10）。こうした組織形態は合理性に優れるゆえに、近代社会の発展に伴って、官庁でも私経済的経営でも増大している。

一方、官僚が守るべき規範については、政治家の規範と対比して論じられる。「国家とは、ある一定の領域の内部で…正当な物理的暴力行使の独占を（実効的に）要求する人間共同体である」（ヴェーバー 2020：9–11）という有名な言葉で知られるように、ウェーバーは、政治の背後には正当な暴力（強制力）という特殊な手段が控えていることを強調し、政治家に結果に対する責任倫理を要求する。手段として暴力性を伴う政治は、善を求める純粋な心情（信条倫理）だけでは背負いきれないからである。そうした政治指導者の本領は「党派性、闘争、激情」である（前掲：46-47)。こうした天分を備える政治家が、民衆の感情的支持を得たカリスマとなることが待望される。

しかし、政治に仕える官僚は、それとは正反対の責任の原則に立って、「憤りも偏見もなく」「自分の上級官庁が…自分には間違っていると思われる命令に固執する場合、それを命令者の責任において誠実かつ正確に――あたかもそれが彼自身の信念に合致しているかのように――執行できることが名誉である」(同)。官僚には、価値判断を行う政治の領域から退き、恣意や個人的動機を排した「即物的な」目的に対する献身が行動の規範となること(ウェーバー 1987：40-41)が要求される。

官僚制とこの官僚規範との関係については、「完全に発達した官僚制は、特有な意味で「憤激も偏見もなく」という原則にもしたがうもの」であり、公務にあたって愛憎など一切の非合理的な感情的要素を完全に排除すればするほど、官僚制は有効に機能する(前掲：35-36)。ただ、その逆、「官僚制という仕組みがあれば、官僚規範が有効に発揮される」という命題は当然には成り立たない。ウェーバーは、規範遵守の見返りは物質的な報酬に加えて官吏に対する社会的尊敬であり、プロイセンではそうした威信が保たれてきたとする。しかし、それはすべての国に当てはまるわけではなく、「営利活動の余地が大きく社会成層の浮動性が強いために、専門的訓練を受けた行政への需要と身分的因習の支配がとくに弱い」米国では、官吏に対する社会的尊敬が特別に低い(:13)。社会的尊敬が乏しい国では、官僚の服従には何らか別の動機づけが必要とされる。

知識と規則による非人格性を追求する官僚制の拡大は、「近代的大衆民主主義の不可避的な随伴現象」である(:47)。しかし、この官僚制は同時に、民主制から感情的な批判を浴びるというディレンマを有する。個別具体的事例に対する実質的正義と官僚制的行政のもつ形式主義、冷たい即物性とが衝突し、「理性的には要求されたものが、情緒的には拒否されざるをえなくなる」ためである(:42–43)。世論は非合理的「感情」から生まれ(:53)、民主主義はみずから官僚制を望んだわけではないため、「官僚制的組織の…顕著な破壊と障碍をつくり出す」(:58)。例えば、民主主義は、官僚の身分的性格の発達や専門的官吏の長期在職を嫌い、「任命された官吏の代わりに、選挙に拠る短期在職の官吏」「秩序ある懲戒手続きの代わりに、国民投票による官吏の罷免」を要求し、世論や政党幹部による気ままな更迭に置き換えようとする(:73)。さらに、官僚制内部においても、知見に基づく本来の職務遂行は追従に敗北しやすい。昇進の機会をねらう野心的な候補者が常にいるので、気骨ある官吏は容易に取り換えられる。経済的に独立した官吏だけが官職の喪失を賭すことができる(:63)。直言して不興を買えば他人にとって代わられることがわかっていれば、経済的基盤を持たない官吏は口を閉ざすしかない。

上記の記述は、現状の予言のようにも読める。官僚制は民主主義の「合理的帰結」であるにもかかわらず、民主主義からの「感情」による攻撃も不可避という指摘は、人間が理性と感情の双方で動く以上、免れられない宿命かもしれない。

②シュミット――「政党への奉仕者」の否定

カール・シュミットはウェーバーの講義やゼミに出席し、『職業としての学問』『職業としての政治』などの著名な講演も聴いている。

シュミットは、自由主義や多元主義、議会制民主主義の理念を掲げたワイマール共和国において、政治が機能不全に陥っている実態を批判し、「決められない」政党政治を嫌悪する。一方、官僚については、第一次大戦後に君主制から民主制に移行したドイツにおいても、単なる技術的職員ではなく、社会に対する超越的地位にあった伝統が引き継がれるべきとする（シュミット 1983：20–22; 1989：218–219）。実際、ワイマール憲法でも、官僚は「政党の奉仕者」ではなく「全体の奉仕者」であることが求められて、政党から独立した大統領が幹部も含めた官吏を任命する仕組みが取られている。ただ、官吏が担えるのは阻止し抑制する作用までで、自ら決断し統治することはできない(1989: 146–147)。

シュミットは、例外状況における絶対的主権者の決断として、人民投票によって直接選ばれた大統領の独裁を求める。「全体」を代表し得ない政党政治家に代わって、大衆の同質性と感情的支持に支えられた人物に公共の利益の確保を託し、官僚制が「全体の奉仕者」としてその下に従うという構図である。

ただ、実際にドイツで出現したのは、大統領の独裁ではなくナチス政権と全権委任法(授権法)であった。選挙は政治家の資質を担保せず、官僚制は仕える主《あるじ》を選べない。1937年以降の官吏は、「指導者個人」に対する忠誠の全国民の模範となることが求められる(長濱 1956: 277)。

③アーレント——思考停止による「凡庸な悪」

第二次大戦後、ナチス政権下の犯罪への追求が始まり、1961年には元ナチス中堅幹部のアドルフ・アイヒマンに対する裁判が行われる。ドイツから米国に亡命し、『全体主義の起原』等の著作で知られていたハンナ・アーレントが裁判の傍聴に基づいて書いたのが『エルサレムのアイヒマン』である。

アイヒマンは、ユダヤ人の移送をはじめとする非人道的行為への荷担について「組織の一員にすぎない自分は命令に従うほかなかった」「服従は美徳として讃えられている」と弁明する。これは、ウェーバーの官僚規範や、「行政の官僚制化がひとたび完全に実施されているところでは…個々の官吏は、自分がはめこまれた機構から脱出できなくなる」(ウェーバー 1987：43)という官僚制の特徴とも一致する。

アーレントは、アイヒマンが同じ決まり文句を繰り返すことに着目し、「話す能力の不足が思考する能力――つまり誰か他の人の立場に立って考える能力――の不足と密接に結びついている」(アーレント 2017a：68–69)として、言葉に対する鈍感さと共感性の欠如を結びつける。「自分の昇進にはおそろしく熱心だったということのほかに彼には何らの動機もなかった」「彼は愚かではなかった。まったく思考していないこと…が…あの時代の最大の犯罪者の一人になる素因だったのだ」(前掲：395)と分析した上で、政治においては服従と支持は同じものであって(：384)、「人間はたとえ自分自身の判断しか頼るものはなくても、しかもその判断が周囲の人々すべての一致した意見に逆らうものであっても、正邪を弁別する能力を持っていなければならない」(：405)と述べる。

「無思考による悪」の典型とされてきたアイヒマンについては、近年、裁判に向けた偽装に過ぎず、実は一貫して確信的な反ユダヤ主義者(思考による積極的悪)だったというベッティーナ・シュタングネトらの研究成果が明らかになっている(シュタングネト2021)。しかし、アーレントの指摘が古びることがないのは、「思考停止による悪」が組織人にとって身近な現象だからであろう。実際、1963年に米国で行われた心理実験では、多くの者が「権威」の下にやすやすと他人への危害に手を染めたとされている(ミルグラム2008)。「思考停止のもたらす凡庸な悪」の指摘は、組織の一員として働く者への警鐘であるが、個別判断に私的な正義感を交えれば、官僚制を根底から覆す恣意や独善にもなりかねない。この問題は、結びで改めて取り上げたい。

3　政治の遮断か、専門家の自律か、それとも政治への従属か(米国)

①ウィルソン、グッドナウ——専門的訓練を受けた官僚

国民代表による民主主義が「普遍的価値」として受け入れられてきた米国では、君主の宮廷と結び付いてきた官僚制に対する反感が根強く、官僚論も欧州とは異なる形で進展していく。

建国間もない18世紀末には、行政は誰でもできる容易な仕事と考えられ、選挙で選ばれた者が友人や支援者を公職に就ける猟官が民主主義理念の体現とされてきた。しかし、19世紀半ばからは、専門的職業官吏制を設けて行政の執行を託すべきという気運が生まれ、上位は政治任用を保ちつつ、下位の公務員については成績主義に基づく任用が始まる。政策判断を行うのが政治、技術的経営を担当するのが職業公務員、という考え方である。

こうした政治と行政の役割分担に関する理論づけの先達が、のちの米国大統領となるウッドロウ・ウィルソンである。超然型の伝統を持つ官僚が大きな権力を握ってきたドイツの実態を前に、官僚に政治の領域から退いて執行に専念するよう要求したウェーバーに対し、ウィルソンは米国の実態を踏まえ、政党政治の側が行政の領域から退くことを求めており（Wilson 1887）、両者の方向は逆である。また、ウィルソンには科学的行政への信奉も強く、専門訓練を受けた官僚が公益の実現に向けて行動する先に希望を見出しており、合理的官僚制の行き着く先へのウェーバーの悲観的見方とも対照的である。

政治側の撤退と行政官の専門的訓練を求める議論には、その後、フランク・グッドナウが政官二分論として枠組みを与えていく（Goodnow 1900）。根幹には、「官民とも本質は同じもので、行政は経営の領域」という「行政＝経営」的な発想があり、効率的運営に向けて職業公務員には「中立的能吏性」という規範が要求されるようになる（Kaufman 1956）。この規範はその後、様々に解釈されるようになるが、もともとは執行への専念を前提としたB型（遮断）の中立性（第2章2参照）に近い。

こうした二分論の確立に先立ち、実務では1883年に試験任用制の導入と第三者機関である人事委員会の創設が行われている。また、上位者たる政治任用者から執行への影響力の遮断に向けて、1939年にハッチ政治活動法が制定された（第3章1参照）。一方、同法を参考に政治的行為の制限規定が導入された日本では、政権交代がない状態が続く中、制約は逆に末端からの労働運動の浸透防止に向けられていく。

②フリードリッヒ＝ファイナー論争——国民への応答か、政治への応答か

1929年の世界大恐慌は、市場介入も経済政策も最小限にとどめようとしてきた米国政府の方針を転換させる契機となり、公務員数や行政の範囲が飛躍的に増大した。いわゆる行政国家化である。ニューディール等の新規政策が講じられる中で、政官二分論が現実的でないことが明らかとなり、「中立的能吏性と効率性」を超えて職業公務員が果たすべき固有の役割が論じられるようになっていく。

官僚の役割に関する議論としては、第二次大戦さなかの１９４０年の行政責任論争が知られる。一方はドイツ出身でマックス・ウェーバーの弟アルフレートに師事し、米国に帰化したカール・フリードリッヒ、もう一方は英国出身のハーマン・ファイナーで、二人の頭文字をとって「ＦＦ論争」とも呼ばれる。

フリードリッヒは、英国の政治家がナチスドイツへの宥和政策を取ったことを念頭に、官僚が国民への結果責任を果たすために、専門家としての自律、民意への直接の応答を求める(Friedrich 1966)。「官僚個々人が民主的価値を信奉することこそが民主主義の安全弁になる」という考え方である。これに対し、ファイナーは官僚にはあくまでも代表政治への応答を求め、政治家への説明責任と、処罰を伴う統制を強調した(Finer 1966)。ファイナーは、官僚の仲間内の判断では専制につながる一方、国民や議会は不完全な判断をするかもしれないが誤ることはあり得ないと断じて、官僚に徹底的な従属を求める。一方、フリードリッヒは、議会が結果責任を果たさない民主制の現実に鑑みれば、最善の専門知識に基づいて官僚が国民の利益を実現するほかないと考え、高いモラルと専門家間での評価に期待を託す。ファイナーが選挙により国民から選ばれた議会が統制主体となれば必要十分と考えるのに対し、フリードリッヒは官僚に本来的主体たる国民に直接応えさせようとする。

第二次大戦後は両者の立場が拮抗した時期もあったが、肥大する行政国家の是正と官僚に対する政治への従属要求が徐々に高まっていき、ファイナーの主張が主流となる。1950年代には「官僚は自らの信念や公益判断ではなく、政治家に従え」「従属できないならば辞職せよ」と呼びかけた政府高官もいる(Flemming 1953)。

大量失業や治安悪化が深刻となった1960年代末からは、政治への従属要求がさらに強まる。ヒュー・ヘクロはこうした従属は誰にとっても損だと批判し、公務員は「非党派的な公益ではなく、選挙された党派的上司に仕えるもの」だが、「命令に従うだけでなく実務的能力や忠告・反論ができる長期的応答性」というC型(誠実)の中立性を発揮すべきと主張するが(Heclo 1975)、改革がこうした方向に向かうことはなかった。

1978年、カーター政権下で制定された公務員改革法では、人事委員会を独任庁の人事管理庁(OPM)に再編するとともに、「政治任用者との架け橋となる有能な人材の確保」を目指し、部長・課長級の上級管理職群(Senior Executive Service, SES)が創設された。SESには、高い威信と処遇付与と引き換えに応答性を強化することが意図され、政官分離の人事原則を緩和して政権交代時には他ポスト・他省庁への配置換えができるという特例が実現したが、給与改善の方は議会に阻まれる。公務員の社会的評価がもともと低い米国で、処遇の低さによってますます人材の質が低下するという悪循環が続く中、官僚の責任感や主体性に訴える代わりに、力による統制が志向されていく。

③公共選択論と初期ＰＡ論――私益で動く官僚

１９６０年代に生まれた公共選択論は、効用最大化を図る個々の官僚という想定を中心に置き、国民にとって最適の資源配分が実現しない理由を「官僚の利益追求による歪み」という点から説明しようとする。

アントニー・ダウンズは、誰もが個人的利益とそれ以外の意欲の両方に基づいて行動するという前提に立って、官僚行動を「出世主義型」「保守主義型」「情熱家型」「擁護者型」「国士型」という五つの典型例で説明する(Downs 1967)。利己心モデルを徹底したのがウィリアム・ニスカネンで、独占企業としての公務では、官僚の効用最大化行動が予算最大化・組織肥大につながると説明する(Niskanen 1971)。

これらのモデルには、「最適配分は市場原理の下で実現されるので、行政国家を小さい政府に戻すべき」という価値判断が内包されている。市場原理では達成できない公益や、強制性を包含する行政の特殊性、政治家による部分利益追求の可能性などは捨象されている。実証研究を伴わない予算最大化仮説が今日まで力を持ち続けてきたのは、「小さい政府こそ善」という価値判断への強い支持の表れとみることもできよう。

官僚不信がさらに強まった1980年代から盛んになったのが、「行政機能不全の元凶は官僚の逸脱や怠慢である」という前提から出発し、経済学由来のPA論(Principal-Agent(本人・代理人)Theory:エージェンシー理論)を官僚制改革に応用しようとする研究である。あとにみるNPM論にもこの影響がみられるが、より直接的な形でPA論を取り入れたのが、前述の公共選択論の流れを汲む合理的選択制度論である。

本来のPA論は、対等な者同士の合意に基づく契約であることを前提として、代理人の逸脱を防ごうとする理論であるが、政官関係におけるPA論は、正統な民主的代表たる政治家と必要悪たる官僚をいわば看守と服役者に近いものと位置づける。ここでも「行政国家を非難する」という規範観が内包されている(Spence 2003, Krause & Meier 2003)。

初期のPA論では、「政治家と選好が近い専門家に委ねるほど逸脱を防げる」とされ、目指すべきは政権への完全従属・クローン化となる。後にみるように、この理論の欠陥はその後様々な方向から指摘され、「そもそも誰がそんな仕事に就きたがるのか」という素朴な疑問も浮かぶ。しかし、「民主制理念を体現する政治に官僚も一体化することが公益に資する」という主張は直感的に理解しやすく、日本を含む多くの先進国で、統制強化に向けた改革の支柱となっていく。

ただ、この時期も主流派への異論が完全に消えたわけではない。例えば、デニス・トンプソンは、官僚の個人的倫理観を基礎とする行政倫理の必要を訴え、「良心に背く仕事だと思えば辞職すべき」という通説に対しても、「組織にとどまって責任を果たすべきであり、そのためにも官僚が超えてはならない一線の判断基準を示す必要がある」と主張している(Thompson 1985)。

④マートンらの逆機能論――規則や統制の副作用

時期的には前後するが、戦後から1960年代頃までの間、さかんに論じられた官僚制の逆機能(ある目的のために設けられた手段がマイナスに作用すること)にもここで触れておきたい。

ウェーバーは、官僚制組織について、的確、迅速、一義性、文書に対する精通、持続性、慎重、統一性、厳格な服従、摩擦の除去、物的人的費用の節約などの点で、他の形態よりも技術的に優れているとした(ウェーバー 1987：33)。ただ、これらは官僚制の理念型に関する記述であり、実際にこうした機能が常に達成されると述べられているわけではない。また、「合理性」

は、実現すべき目的または価値をどうとらえるかによって変化し得るもので、ウェーバー自身も複数の合理性があることにしばしば言及している。「組織における合理性」イコール「能率」と直結する英語圏の翻訳者の先入観によって誤読されたという指摘もある(Albrow 1970: 64)。

その意味でウェーバーの主張とは嚙み合っていない面もあるが、逆機能論者たちが着目するのは、官僚制という仕組みがもたらす非能率性の「現実」であり、さらに事例研究を通じて、官僚制組織の最適化に向けた現実的な対処策を提示しようとする。

主な指摘を挙げると、規則に基づく官僚制は、組織内部の緊張関係をもたらし、過剰な同調や規則の自己目的化・硬直化を生じさせる(マートン 1961)。また、分業は労働生産性を高める反面、部署ごとの目的の追求が全体目的の実現よりも重視されてしまう問題や、特定の相手との間で摩擦を避けるための包摂が、別の相手との間の新たな摩擦を引き起こす問題も生ずる(Selznick 1949)。繁文縟礼やセクショナリズムである。また、規則によって隠蔽や懲罰正当化、無関心がもたらされ、むしろ職員の自発性を尊重する方が生産性を高める場合がある(ゴールドナー 1963)。業務評価の導入による競争の促進が生産性の低下につながり、想定外だった職員同士の自発的相談と協力が実は重要だった事例もある(Blau 1963)。

こうした逆機能論は、大組織全体を俯瞰して複合的なトレードオフに目を向ける点で特徴がある。直感になじみやすい統制強化論に対して、生身の人間は人格を無視した規則や評価の押しつけに反発すること、病理は企業とも共通する構造的問題であること、処罰などの強硬手段は事態を悪化させる可能性もあることなど、現場観察に基づく反証を提供する役割も果たしている。

4　企業経営型改革か、国家固有の現代化か

①ダンリーヴィ――NPM改革と政策形成志向の官僚

PA論に基づく政治的統制よりも早い時期に具体的改革に反映されたのが、民間企業に倣ったインセンティブ付与を柱とするNPM（新公共管理理論）である（第3章3参照）。NPMは、企業経営と行政を共通性が高いものととらえ、市場原理、契約、業績への短期的動機づけを通じて組織や官僚を誘導し、より少ない費用でより多くを達成することを目指す理論である。1980年代半ばから英国とニュージーランドで実地に移され、1990年代にはアングロサクソン諸国を中心とする多くの国で「新しい教条」となった。特に重視されたのが政策と執行機能との切り離しで、アウトソーシングや官民パートナーシップを活用するとともに、経営に特化した

人材を執行のトップに据え、サービス提供に関する責任の所在と範囲の明確化が図られた(Dunleavy et al. 2006 等)。

NPM改革については、その後、狙いどおりの効果は生じておらず、「ビジネス方式が最も生産的」というイデオロギーが先行していたと批判される(Hood 2005, Hood & Dixon 2015 等)。NPMは政治家の能力や要求をあまりに合理的なものと仮定し、政治固有の問題も度外視していたとの指摘もある(Pollitt & Bouckaert 2017 : 214)。

そうした不備にもかかわらず、エージェンシー化や執行部門の切り離しなどが進んだ背景として、こうした改革が官僚側の志向にも合致していたためという分析がある(Dunleavy 1991)。個々の官僚の自己利益追求という前提から出発するのは予算最大化行動モデルと同じだが、職位や所属機関・部局、外部環境などによって行動原理が異なるという点に着目するのが特徴である。パトリック・ダンリーヴィは、上級官僚はルーティンワークや組織規模の増大には興味がなく、創造的な政策形成業務という仕事の質を重視するため、煩わしい執行部門の切り離しを歓迎したとする(前掲 : 226)。

ただ、政策と執行の切り離しは、結果として、政策全体への大臣の統制をより困難にしたほか、「全国現場での全国民に対する執行知」という官僚の強みを失わせることにもなった。執行だけを切り離せば、豊富な経営経験とコスト感覚を持つ民間出身者の方が官僚よりも強みを発揮しやすいし、官僚が執行責任を通じた生々しい現場知を失えば、政治家への助言も、理論的知識に優れる研究者やコンサルタントが行えば済むことになる。一方、ドイツでは、政策形成の際に幹部官僚が大臣に対して普遍的公益を主張する際の根拠は、「執行等を通じて把握した公益判断」とされる（嶋田 2020a: 171）。オフィスで政策形成に特化したいという英国の高級官僚の願望が、職業公務員制度の存在基盤を掘り崩すことにつながった可能性も否定できない。

②ポリットとブカールト――NWSと政治家への反問

英米独仏を含む12か国（日本は含まない）の1980年以降の行政改革を追跡調査し、それらの成果を比較したクリストファー・ポリットとヘルト・ブカールトは、改革は従来の構造や文化、先行制度、規範的要素などに大きく左右されるとする。二人は、各国の統治機構や歴史を反映した「国と市場と市民社会の望ましい像」の違いに注目し、改革の型をNPMのほか、NWS（Neo-Weberian State: 新ウェーバー型国家）、NPG（New Public Governance: 新公共統治）などに分類している（Pollitt & Bouckaert 2017）。ポリットらの立場はNWSに近い（前掲: 19）。

NWSは、ドイツやフランスなど欧州大陸で志向されている改革の考え方で、「安定して豊かな福祉国家において、伝統的官僚制をより専門的・効率的で市民本位となるよう現代化する動き」と説明される(前掲：19)。市場原理によるビジネス的アプローチのNPMとは対照的に、ウェーバーと同様に国家固有の権力性を正面からとらえた上で、多様化した現代のニーズに合わせた法令に基づく衡平や包摂の確保が強調される。自己利益の最大化追求という仮定に立たず、公益実現に向けて行政を改善していく官僚の役割に期待するのが特徴である。欧州大陸外でも、「行政には経営主義・市場原理には馴染まない固有の価値があり、恣意を排した規則に基づく官僚制こそが代表的民主制や個人の自由を守る」という主張が英国などで復権している(Du Gay 2000, 2005, 2010)。ただ、NWSに対しては、実際の行政の硬直性はこうした期待と乖離していること、政府外の当事者の役割に対する視点が乏しいこと等の弱みが指摘されている(Pollitt & Bouckaert 2017 : 44)。

一方、NPGは、NPMの流れを汲みながらその限界を克服しようとする動きであり、政府や企業にとどまらず、多元社会のネットワークや政府外のプレイヤーも重視するが、国家内部の動きへの関心が薄く、国民への説明責任や透明性という民主制の価値をどう維持するかの説明に窮していることが指摘される(同)。

ポリットらの分析の意義は、NPMを掲げるかどうかを問わず、各国の改革には共通する傾向があることを明らかにした点にあろう。改革は、分権と集権、専門化と統合化など、矛盾する方向を含んだ処方箋となりがちで、個々の処方箋に意味があっても実地に移すと別の問題が明らかになって逆方向に動くという循環サイクルを描く。30年間の調査の総括として、二人は、価値のトレードオフを伴うために改革レトリックは振り子のように揺れ動くこと、一方で、透明性などの要求水準は上昇し続けていることを挙げる(: 215-216, 223)。実際の成果について、NPM改革を実施した諸国は華々しくアピールしてはいるが、NPM以外の国との大きな差は見出しにくいとする(: 219-220)。

彼らの指摘は、様々なベクトルが入り混じった日本の改革にも当てはまる。また、改革には「価値」同士の矛盾が付き物であり、ある視点からは合理的な改革であっても他の視点からは非合理となるというディレンマは、ウェーバーの議論の根幹でもある。

なお、ポリットら自身が、どのモデルであれ今後の官僚制に必要な実務上の措置として挙げるのは、資源不足や人口変動、気候変動等が不可避である事実を踏まえ、情報収集分析や国際交渉ができる人材育成への投資、科学技術を評価できる専門家の採用、若手主体のコンパクトな体制への切り替えと公務固有の規範への順応に向けた中長期的な人材計画などである(: 224)。

同時に、彼らは「政府不信の中、なぜいつも改革されるべきは公務員とされて、大臣などの政治家ではないのか」と問う(:185)。政治家がプラトン的哲人やMBA(経営学修士)取得者である必要はないが、課題に対応できる資質があるかを問うことも重要だという指摘である。ただ、政治家に一定の資質を要求する改革は、どの国でも選挙公約にはなりそうもない。

5 「民主的統制」への新たな視点

①カーペンター、G・ヒューバー——公益志向の官僚

1990年代の米国で台頭したのが、国民の利益と政党政治とのズレに着目する歴史的制度論である。民主的正統性を欠く官僚への不信感から出発するPA論に対し、歴史的制度論は、政府の権力性や政党政治にまつわる暗部、さらに長期的因果関係に目を向けて、官僚制・官庁の理性的機能に期待する傾向がある。有力な利益団体などと結び付いて社会的強者の利益実現に傾きがちであった政治に対し、官僚の自律性が少数者も含めた国民全体に有利に働いたという事例が掘り起こされる。

また、2000年代に入ると、サブプライム・ローンに端を発した金融危機など、企業の失敗による社会的影響が深刻となる一方、ハリケーン・カトリーナの発生時には、行政経験の乏

しい政治任命者の不手際が明らかになった。市場や多数決原理任せだけでは実現されない公益もあるという指摘が説得力を持つようになり、ＰＡ論なども融合させて、官僚制が政治的統制を離れることで国民の利益を体現できる条件に焦点を当てた研究も現れる。

代表例の一つが、ダニエル・カーペンターの「名声による自律性」である。公益志向の官僚が特定団体への肩入れを避けたことで、19世紀の農務省や郵政省は国民の支援の獲得に成功した(Carpenter 2001)。近年では、健康安全確保に向けて医薬食品局の官僚が実務的手腕を発揮した結果、国民がその正統性を認め、政治は統制を控えるようになったとする(Carpenter 2010)。また、グレゴリー・ヒューバーは、政治や企業の圧力を避けるよう計算し尽くした執行方針を現場に徹底することで、強い支持勢力を持たないにもかかわらず労働者保護を貫いた労働安全衛生局を挙げる(Huber 2007)。これらの研究は、社会的強者の利害と一般国民の利害が乖離しやすい分野では、政治的統制の強化が国民全体の利益に直結するとは限らないことを説得力ある形で示すものとなっている。

②ＰＡ論の進展——能力発揮との背反、少数派の利益

ＰＡ論からも、その後、実証研究と結び付くことで、行政の機能不全が官僚の私益追求に由

来するだけではないことが示されていく。例えば、権力抑制が最重視されている米国憲法下では、一時期の感情に流されぬよう特定の立場からの命令が貫徹しにくい意図的な相互牽制がもともと組み込まれていることが改めて指摘される(Moe 1990 等)。裏返せば、議院内閣制で司法府の牽制も弱い日本のような国では、ねじれ国会などの例外的状況を除けば、時の政権の命令が容易に貫徹する構造があるということでもある。

また、PA論は、政治が官僚に政策立案を委ねる理由として「専門性・情報」の比較優位の存在を前提としてきたが、あらゆる願望を実現するほど完全な知識や情報を持っている官僚はあり得ない。政策実現に対する政治的要求が絶対的な圧力となれば、官僚側で「結果が達成できたことにする」という操作・改竄が生ずる(Krause & Meier 2003)。

さらに、一方的命令が働く側の意欲と能力伸長を阻害しやすいことは、逆機能論や人的資源論では以前から言及されていたが、PA論の中でも統制と能力発揮との両立不能が着目されるようになる。裁量の余地がない統制下では専門性の発揮が困難となるため、能力が高い人間の方がそうした組織を離れやすい。また、政治家は自らに応答的であることを有能さと混同しがちであるため、専門的観点からは理想的であっても自分が理解できない政策提言を行う者を忌避する。主観的には能力主義人事をしているつもりでも、有能な者が排除される結果、専門能力欠如のために政治が思い描く成果は達成されなくなる(Bawn 1995; Huber & McCarty 2004; Callander 2008; Ting 2011)。

また、専門能力は天から降ってくるものではなく、相応の時間と労力を費やして初めて得られることに注目する論者もいる(Gailmard & Patty 2007)。能力伸長に向けた努力は、特定の政策に思い入れを持ち、その政策に対する裁量の発揮が認められる「情熱家」にしか期待できない。しかし、いかに情熱家であってもその組織で長く働ける見込みがなければ無駄な努力はしないため、身分保障の提供が必要となる。

これらの研究は、ウェーバーが指摘した大衆民主主義と専門家による官僚制との必然的抗争の裏付けとなっている。感情で動きやすい民主的統制を徹底すれば、専門家が排除されて、能力も意欲も劣る者が短期交代で行政を担うことになりやすい。もし行政には有能な者が不可欠と考えるならば、彼らを引き留めて専門家としての努力を安定的に引き出す仕組みを作る方が、国民にとってもプラスということになる。

２０００年代になると、「民意を反映する政治が本人、官僚が代理人」という単純なＰＡ論の枠組みを離れて、本来の「本人」である国民にとって望ましい官僚との関係を論じる動きも活発化する。例えば、メディアや行政手続により可視化が進んだ現代においては、官僚は議会の定めた任務に忠実に従うため、政治からの日々の自律性は、選挙民全体の長期的価値判断に沿うことになり、政治家の政策と選挙民の平均的選好との乖離も減らし得る(Spence 2003, Stephenson 2008)。次の選挙を考える政治家は自分の支持者や世論に迎合しやすいため、透明性・説明責任を強調すれば少数者の利害が無視される逆機能も生じ得る(Maskin & Tirole 2004)。

さらに、「何が「良い政策」なのかは選挙民の判断次第」という指摘も出ている。もし選挙民が最重視するのが便宜供与や効率性ならば、政治的応答性が高い官僚ほど「良い政策」を実現するが、政策の品質や少数派の利害を重視するならば、政治的応答性は必ずしも「良い政策」にはつながらない(Prendergast 2007; Ting 2012)。「(人々の自由に踏み込む)警察の捜査とデパートの効率性を比べるのはお門違い」という指摘もある(Prendergast 2003)。いずれも「強制性を内包する政治に仕える行政」というウェーバーの視点と呼応する。

③ワークマン、グレーバー——注意力の有限、文書主義の逆機能

シンプルな因果関係の抽出を重視するPA論に対し、組織の動き全体を観察しようとするのが組織論である。多様な目標を抱える職場では重要な決定までの因果関係が曖昧であることを示したのが、古典となったJ・G・マーチとJ・P・オルセンらのゴミ缶モデルである(Cohen,

March & Olsen 1972）。実際、計量分析によって外部から推測された「官僚側の戦略」が、実は別の問題に忙殺されていたための見落としや、現場で重きを置かれていなかったための切り捨ての結果に過ぎない例は珍しくない。

こうした視点を発展させ、情報過剰の中にある現代組織に着目するのがサミュエル・ワークマンである。「情報の非対称性」というPA論の前提は、情報公開が進むとともに、インターネットの発達で誰でも即座に入手できる情報が溢れている現状に適合しなくなっていることは、第1章幹部インタビューでも指摘されている。ワークマンらは、情報・知識そのものではなく「必要な情報を最前線で仕分けてまとめる力」を持っていることが現代官僚の正統性の根拠だとする（Workman, Jones & Jochim 2010）。一方で、人間の処理能力や注意力には限りがある以上、すべてを網羅する処理は不可能なので、情報の捨象に向けた優先付けが最も重要な作業となる。特定の結果をあらかじめ要求されれば、それを優先して情報を処理する必要が生ずるが、その分、専門知や経験知に照らせば重要と思われる情報への注意が弱まり、重大な損害につながる可能性がある。

この指摘は行政現場の実感にもよくマッチしており、「政策が実現しないのは官僚の怠慢か悪意のせい」「選挙で示された願望をそのとおりに実現させるのが政治主導」という主張への対抗軸としても貴重な視座を与えてくれる。

なお、文化人類学者であるデヴィッド・グレーバーが提起する「規則のユートピア」(邦題は『官僚制のユートピア』)の問題も、官僚制をめぐる不満の本質に迫る逆機能論と読むことができる(グレーバー 2011, 2020)。恣意的な権力に代わり、透明性のある規則による運営を「自由」とみなす観念が広まった結果、自由化に向けた改革が、目指したはずのテクノロジーの発展ではなく、人々の日常生活全般への規則と規制の押し付けをもたらしたと指摘される。官僚制に代わる市場主義・経営主義の強調が新たな規則化につながることには、組織論者も注目する(Salaman 2005)。

生産性とは無縁の評価書類の急増(「ブルシット・ジョブ」)は、企業や大学・研究機関はじめ多くの職場で思い当たる点であろう。「公開性・透明性」や「基準化」という現代において絶対視されがちな「価値」に対し、「それが一体どんな価値を生んだのか」というグレーバーの問いかけは重い。膨大な文書作業の発生と、本来業務の質の劣化とは無関係とは言えまい。実際、「基準化・明確化」という視点から政官規範の言語化などが進められている英国では(第3章参照)、文書の過剰や目的阻害という逆機能も指摘されている(嶋田 2020a: 238)。日本の現在の人事運用には基準化や説明責任が明らかに不足しているが、それらが自己目的化してしまえば、今度は副作用の方が大きくなるという戒めである。

若手官僚が疲弊している行政現場を考えると、ワークマンやグレーバーの指摘は、明らかに資源の制約がある中で、行政に何をさせて何をあきらめ、どれだけ支払うのかという納税者の取捨選択が急務であるとの警告として受け止めることもできよう。

④ロザンヴァロン、ティロール――市民の当事者意識

最後に、官僚制そのものの議論ではないが、機能する官僚制を考える上で重要な示唆となり得るフランスの論者2名を取り上げたい。

民主制下において、あるべき社会や国家に関する価値判断を下すのは国民であるが、実際にその意思が問われるのは選挙の機会にとどまり、日常的には政治が正統性ある価値判断者とされている。人々の疎外感やポピュリズムが高まる現状に対し、「良き統治」「良き社会」などに価値を見出すならば、政治に丸投げする代わりに、当事者としてどう実現に関わるかという問題提起も現れている。

ピエール・ロザンヴァロンは、現在の政治指導者は人々の日常生活ではなく、派閥や組織内の戦いといった政界内部の「現実」にとらわれ、代表的機能を放棄していると批判する（ロザン

ヴァロン 2020:21)。官僚が一般利益を体現する時代はとうに過ぎたが、ウェーバーが望んだ天職による政治家も、21世紀初頭には出会うことができない(前掲:295)。

こうした時代に、統治が人々に納得されるための要素として、ロザンヴァロンは的確な解釈を伴う情報に市民がアクセスできる「理解可能性」、辞任などの形で結果責任を取る「統治責任」、日常的な体験を語る声に耳を傾ける「応答性」の三つを挙げる。さらに、大統領など顔の見える行政トップの政治家には「信頼のおける人物」であることを求め、その具体的資質として、個人的利得を引き出さない「高潔さ」と「真実を語ること」の二つを挙げる。

彼はこれらの義務を果たさせる監視・検証の役割を、一般市民やメディア・有識者、市民団体や独立機関に託す。「真実を語ること」を確保するために戦うべき対象として挙げられたもののうち、「意図の言語」に関する指摘はとりわけ興味深い。意図の言語は、妥協や調整を要する煩わしい現実の直視を妨げ、「善悪の対決に支配された世界」というわかりやすい虚構に人々を誘導し、政治を道徳的選択の問題に縮減してしまう。人々も、真実に迫る努力をするよりも、一方的に批判できる相手を求める易きに流れやすい(:321-323)。「良き統治」を担保するには、市民の側も、単純な悪玉陰謀論によって現実逃避するのでなく、複雑な現実に向かい合う覚悟が求められる。

ロザンヴァロン自身は官僚制との関係には言及していないが、統治者に対する「真実を語ること」「高潔さ」の要求は、官僚制内部からみれば、物理的制約を無視した政治的願望の突出に対する外部からの牽制、あるいは助け舟として働くことになろう。人々が煩わしい事実や不快なデータに激昂せず、冷静に受け止める用意を示す状況ならば、官僚がこれらを家臣の如く主人の目から隠す意味はなくなり、すべての事実をありのままに伝えることが政治家を守る誠実な行動となっていく。

また、2014年ノーベル経済学賞受賞者であるジャン・ティロールは、『良き社会のための経済学』(原題の直訳は『公共善／共通善(le bien commun)の経済学』)で、市場メカニズムには倫理的限界があり、市場と国家とは補完関係にあることを改めて指摘する。その上で、人々の政府批判に対しては、「立ち止まって、自分がその立場なら果たしてどう行動するだろうか」を考えるという当事者意識を求め(ティロール 2018: 188)、より良い社会の実現に向けて、市民や企業が主導権を握る余地が少なからず存在するとする。さらに、「研究者は全体として世界をより良くする努力もしなければならないのであって、社会的な事柄に背を向けてはならない」(前掲: 90)と述べ、共通善の実現を政治家と官僚に丸投げして批判だけする側に立つのではなく、産業界も学界も社会的な役割を果たすよう訴えるとともに、自らもこの責務を実践している。

ロザンヴァロンとティロールに共通するのは、良き行政を求めるならば、その利益享受者である国民の側にも、当事者として果たすべき責務があるという視点である。民主制とは、願望の実現をただ官僚に命ずることではなく、主権者たる国民が痛みを伴う決断を下し、その帰結も負うことである、という基本的原理に改めて目を向けさせる。

6 小括——「あるべき官僚」を実現させるには、自分ごとでとらえる必要

18世紀以来の官僚論の多くは、官僚(制)という言葉自体を「改革されるべき何らかの欠陥を持つもの」という意味で使い、政府に対する不満が、執行を担っている人間の怠慢や逸脱に直結させられがちであった。

ウェーバーはこの立場を採らず、「官僚制」については、規則と文書に基づく階統型の組織という特徴を示して、私企業とも共通する近代化の行き着く合理的形態とする。一方、「官僚規範」に関しては、政治が結果責任を担って下す価値判断を、一切の感情を交えず執行すべきものとし、政府の権力性や代表民主主義という企業にない特殊性を強調する。

官僚制がもたらす非能率の是正に向けて、企業経営との共通性に着目してアプローチするの

が逆機能論やＮＰＭである。特に、短期的インセンティブや執行の分離を重視するＮＰＭは、英国をはじめとする多くの国で１９８０年代から実践され、官庁の位置づけや官僚制を大きく変容させた。

一方、民主的統制の下に置かれる行政の特殊性の方に着目する官僚論は、政治をどう位置づけるかによって「あるべき官僚制」に関する判断が異なり、政官の分離を求める政官二分論、政治による統制を強調する合理的選択制度論、国民全体の利益実現を重視する歴史的制度論、国民ニーズの変化に応じた行政の現代化を目指すＮＷＳなどの立場に分かれる。英米で主流となってきたのは、「国民への奉仕はあくまでも選挙で選ばれた政治家に応えること」という考え方であり、官僚の政治的応答性を高める改革も、日本を含む各国で実践に移された。

しかし、その後、これら改革の効果がいずれも思い通りに上がらないことが明らかになるにつれ、官僚論には新たな視点もみられる。一つは「改革されるべきは官僚だけなのか」という問いかけであり、行政機能不全の是正に向けて、政治家の資質、さらには国民の責務にも目が向けられ始めている。公益の実現に向けた主権者の役割は投票で終わりではなく、カーペンターのように官庁業務の自律性への支援、あるいはロザンヴァロンのように政治への監視や情報解釈力の向上といった形で、国民が自らの利害に直接かかわる問題として日常的に担保していくべきものという視点が示される。

もう一つは「官僚への要求は実現可能なものか」という問いかけである。現代は、財政赤字の累積や地球環境の悪化など資源の有限が顕著になるとともに、グローバル化や情報化の進展によって各国政府だけでは対応不能な政策課題が主流になっている。人々が選挙で託した願望が実現しないのは、官僚が政治的命令に従わない結果とは限らない。ワークマンが指摘するように、情報が溢れる中でも官僚の処理能力は有限であり、「正解」に至るまで注ぎ続けられる資源もない。そこでは何を優先し、代わりに何をあきらめるかという選択の帰結を主権者が背負うことが不可避となる。

こうした近年の官僚論は、人々の側にも、制約が多い不快な現実から目を背けない覚悟を促す。実務を担っている官僚にすべての責任を押し付け、願望非達成を厳しく罰する改革を進めれば、一時的な鬱憤晴らしとはなっても、結局はその対価を払わざるを得ない。官僚の懈怠《けたい》や逸脱があるならば正す必要があるのは当然である。しかし、行政が昭和期と同水準の成果を出せなくなっていることを理由に官僚制を問責し、ひたすら統制を強化する改革を進めることは、悪い知らせをもたらす使者を斬る行為と変わらない。

ここまでの主な理論の整理と日本の現状を突き合わせ、より良い官僚制の実現に向けた具体的示唆として、４点を挙げたい。

①政官関係・労働市場双方への目配り　官僚制は政治に仕える特殊性を持つと同時に、労働の場としての社会常識や民間の慣行とも不可分である。官僚制の設計に当たっては、その一方だけをクローズアップするのではなく、政治との交錯、社会との交錯双方への目配り、例えば「政治家には何を託すか」「それは民主制下で実現可能か」「働く場ではいま何が常識なのか」「自由競争の労働市場でその人材は得られるか」などといった問いに同時に答えていく必要がある。特定の面に焦点を当てた提言ほど歯切れよくシャープに響くだろうが、本当に大事なのは、長い連立方程式を解いた後でも果たして有効な解かどうかである。特定の問題への即効薬を望めば別の箇所に副作用が出るのは当然で、常に全体を見渡しながら、漸進的な試行錯誤を辛抱強く続けるしかない。

ただ、第１章でみたように、公務の常識とされてきた慣行の多くは、その後、民間企業の変化に連動して非合理とみなされ、消滅している。労働常識から外れた働き方は持続不能であり、「政治に仕える以上は仕方ない」と現状を絶対視する必要はないことを教えてくれる。

②「自分と同じ生身の人間」への視点　従来の改革論の多くには、官僚を「あちらの人たち」「制御すべき客体」と扱う他人《ひと》ごと視点があり、画期的な提言が実現しないのは官僚側の単な

る抵抗、いわば不良機械のバグに帰せられてきた。しかし、ひとたび官僚も感情を持つ生身の人間であり、官僚制は一人ひとりの働きからなる集合体であることに気づけば、「無茶な要求をぶつけていないか」「自分がその立場であったらば実現できるのか」という自問も必要となる。いったん自分ごとに置き換えてみれば、規範論だけで正しい行動を貫くことも、統制だけで命令どおりの結果を必ず出すことも不可能なのは、容易に想像がつくだろう。

仮に「官僚にだけは超人的な自制と自己犠牲を求める」という結論であるなら、それにふさわしい破格の処遇を要する。ウェーバーも、感情を抑えた従属は、当時のプロイセン官僚の高い道徳性と社会的威信に支えられてきたことを指摘する。そうした特権的処遇が復活不能であるなら、普通の職業人が職責を全うできる常識的な仕組みを作るほかない。機能する官僚制の設計には、自分を官僚の立場に置いて考える視点が不可欠である。労働市場で他にいくらでも選択肢がある中で、特段の処遇や威信も与えられないのに、絶対的君主の「家臣」となる道をあえて選ぶ者はいない。

③政治丸投げに代わる日常的関与　官僚制改革は国民の行政批判に応える形で政治のイニシアティブで行われてきたが、政治家はこの問題の利害関係者でもある。特に日本の平成期改革は、政権にとって都合のよい項目だけをつまみ食いして、官僚を忠実な家臣に変える形で決着

しており、この状態を動かすインセンティブは政権には乏しい。しかし、国民一人ひとりにとって、国民全体の利益に奉仕する官僚制の実現は日々の生活の質を左右する切実な問題であり、コロナ禍や自然災害時にはそれが顕在化する。であるならば、実現のためには国民自身が動くほかなく、選挙以外の機会にも政治への監視と統制を続けること、産業界や学界とも連携して人々の日常生活に向けた官僚の献身を支えることが欠かせない。政官バランスの最適化は政治任せでは実現しないという意味でも、当事者たる自分ごと視点を持った日々の関与が不可欠である。

④限られた資源の直視　情報が溢れる一方で行政が使える資源が縮小する中、官僚に担わせる仕事の取捨選択が急務となっている。現在の無定量な働き方は、非効率な慣習の排除や業務のIT化といった掛け声だけで解消できるものではなく、仕事の絶対量の洗い出しとそれに見合った人員配置から始める必要がある。国会からの質問等は、政府統制として多いほど良いと評価されがちであるが、官僚がそれに対応する時間は、政策立案や執行に充てることができたはずの時間でもある。また、政策評価や情報公開などの手続を重視するならば、創造的な政策立案に充てられる時間はその分減る。両方とも大事であるならば、そのための人員を要する。政治的調整を官僚に委ねる慣行を続けるなら、高度の専門知識の確保までは応えられない。

同時に、選挙公約で掲げられた施策が実現しない理由が、官僚の私欲や怠慢のためなのか、物理的資源の裏付けを欠いたためなのかについては、利害関係を持たない有識者による客観的検証の場も必要となろう。

結び——天職としての官僚

ウェーバーが100年あまり前に指摘したとおり、官僚制は民主主義にとって不可避の手段であるにもかかわらず、民主主義からは感情的批判を受ける宿命にある。ここまでの章では、改革に先立って官僚のあるべき姿(should)を考える必要があること、官僚の役割規範は、政治や社会の側が果たす役割の明確化と不可分であること、さらに、規範を押し付けるだけではなく、役割の発揮を担保する仕組み(how can)の整備が必要であることを述べてきた。

とはいえ、そうした仕組みを機能させるのは、やはり信頼に応える官僚の日々の働きぶりにかかっている。平成期公務員制度改革の決定打となったのは、幹部官僚の不祥事や行政の相次ぐ失敗であったことを忘れてはならない。信頼を失った者は、どんな正論を述べても聴かれない。個人の使命感だのみの制度は脆弱だが、個人の使命感なしにはいかに理想的な制度であれ持続しない。どの職業においても、思いをくじくような理不尽な障壁は付き物であり、それにもかかわらず使命を貫徹しようとする強靭な精神があることがプロか否かの試金石となる。ウェーバーも、学問と政治に関する講演を、それぞれの職業が与える喜びや要求される精神(いわば「職業の内面的事情」)を語り、それに応える覚悟を問うことで締めくくっている。

感情を持つ生身の人間たる官僚が、職務を全うする支えとなるものは何だろうか。また、数ある職業の中から、官僚という職業に最大のやりがいを見出せる人、すなわち「官僚が天職である」とはどんな人だろうか。

①官僚としての喜び

中央官庁の仕事は、地方自治体やNPOに比べて直接国民と接する機会が少なく、人々の生活にどんな形で役に立っているのかが見えにくいと言われる。しかし、筆者と世代の近い官僚(2名は第1章のインタビュー対象者と重複)や官僚OBに、仕事から得られた喜びの思い出を尋ねると、多くが「人々の役に立てた」というエピソードを口にする。

語り1　GPS機器を使って相手方の位置情報を取得するのを禁止する内容を盛り込んだストーカー規制法の改正業務に携わった。技術の進歩を悪用する新たな犯罪手口に効果的に対処すべく、自分が都道府県警察で勤務した経験も活かしながら、都道府県警察や関係機関、民間の有識者等と一体となって、国民の安全・安心を守る仕事ができた。(警察庁)

語り2　現在とりわけ力を入れているのは刑事手続のIT化だ。例えば、逮捕状の請求や発付のオンライン化が達成されれば、捜査が迅速化され、事件の早期解決・更なる被害の防止に役立つ。現場で直面した被害者の悲しみや無念、あるいは共に事件検挙に向けて汗を流した捜査員の情熱や苦労に思いをはせながら、より良い捜査環境の構築に向けて尽力できることに喜びを感じている。(警察庁)

語り3　２０１１年の東日本大震災後に二重ローン問題が焦点となった。地震や津波で工場や住宅が被害を受けて、もともと事業用ローンや住宅ローンを抱えている人々も事業再開や住宅再建のために新たなローンが必要となった。これまでにない大規模災害で、前例もない中での検討となったが、内閣府と協力して金融機関から既往の事業者向けローンを買い取る「東日本大震災事業者再生支援機構」を設立したり、国交省と協力して住宅金融公庫も活用して住宅ローンの負担軽減を実施したりした。かなりの人の再出発の助けになったのではないかと思う。(金融庁)

語り4　消防庁で、災害時の広域応援に活躍する緊急消防援助隊への予算確保に苦労したが、常に念頭にあったのが体験入隊した時の消防署の隊員たちの命がけの姿だ。北朝鮮の動き等もあって、放射能、バイオ、化学テロに向けた化学防護服などの予算を獲得することができた。その後の東日本大震災では、福島第１原発の冷却のために、緊急消防援助隊として派遣された東京消防庁の隊員が放水に向かった。自分が要求した補助金で購入したものかどうかまではわからないが、やはり防護服は必要だったのだ。（総務省）

語り5　日々の地道な外交活動が、人やモノの交流を支え、日本の平和と繁栄の礎になっているという自負を持って取り組んでいる。在外公館では、より直接的に日本という国を売り込むことが重要なミッションだ。世界に誇るべき日本文化の担い手を紹介し、素晴らしい製品や技術を有する日本企業の活動を後押しし、グローバルに社会貢献活動を展開している日本のＮＧＯと一緒にイベントを開催する。日本の良さをアピールしながら、諸外国の発展にも貢献できる。確かな手ごたえを感じられる瞬間である。（外務省）

語り6　自動運転という新たな技術に関し、現行の交通ルールとどのように調和させ、道路交通の安全と円滑を確保していくか日々検討している。舞台は国内に止まらない。先日も、現行の条約と自動運転の整理に関し、国際会議で日本の立場を主張する機会に恵まれた。自分の発言内容が国際場裏で受け入れられた瞬間、自分が日本や世界の将来の交通社会のグランドデザインを描いている一員なのだと実感できた。（警察庁）

語り7　住宅から出るCO_2を削減するカーボンニュートラルの実現策が求められる一方、中間層の所得が減って格差や分断の問題が指摘される中で、住宅ローン減税の改正を行った。

省エネ性能に応じて減税額のメリハリをつけるとともに、高所得層への減税を減らす一方で低中所得層への減税を拡充することで、全体としての財政負担を横ばいに維持しながら、優先順位の高い分野への支援の重点化が実現できた。（財務省）

語り8 教育内容が多様化・高度化し、また、いじめや不登校への対応などで少人数教育によるきめ細かな指導が求められる中で、小学校の35人学級を実現した。単に教員の総数を増やすのでは財政負担（最終的に国民の負担）が大きくなることに加え、教員採用が苦戦する中では教師の質の低下を招く恐れもあった。文科省と折衝し、一部は担任外教師の活用などにより、教員総数を大きく増やさずに35人学級が実現できた。（財務省）

語り9 核不拡散を支える保障措置の世界では、唯一の被爆国かつ広範な原子力平和利用を進める日本は特別な存在感を有し、国際原子力機関から様々な協力が求められる。イラクの大量破壊兵器疑惑に対し国連の査察活動が進められた際には、自分の担当室から査察官をイラクに派遣した。活動は淡々と遂行されていたが、「無いことの証明」は難しく、情勢は緊迫し、開戦へと推移していく。各国の査察官が次々と帰国する中、日本の査察官は最後まで現地にとどまり、イラク出国は空爆開始の10日程前だった。（文科省）

語り10 日雇いで派遣労働をしているネットカフェ難民が社会問題になった時、全国調査と当事者ヒアリング、予算確保、集計発表まで3か月で完了し、そこで把握した実態をもとに東京都と連携して歌舞伎町に相談拠点を作った。また、リーマン・ショックによる派遣切りで、住んでいた社宅を失ってホームレスとなった労働者が急増した時には、資金貸付事業に向けて金融機関や不動産業関係団体に飛び込んでお願いする一方、信用保証機関への補助金制度に向けて財務省と折衝して、年末滑り込みで融資事業が開始できた。(厚労省)

語り11　食肉・畜産は地域に根差したビジネスである一方、食肉流通のグローバル化が進展し、地球規模の視座が欠かせない。畜産農家、食肉メーカー、貿易商社などとの信頼関係を通じた現場感覚と、海外勤務で得た国際感覚との双方を、牛肉の輸出促進や動物福祉《アニマルウェルフェア》への対応などに活用している。家族と食卓を囲む笑顔が広がるよう念じつつ、「グローバルに考え、ローカルに行動する」を地で行くミッションに醍醐味を感じている。(農水省)

語り12　障碍のある方や高齢者を含め、色々な人が使いやすい製品・サービスのための規格を多数制定している。例えば多くのシャンプーの容器には、目をつぶっていても触ってリンスの容器と区別しやすいようにギザギザが入っている。コロナ禍ではマスクの性能、試験方法の規格を開発し、安心して利用できるようにしている。こういった規格化・標準化には多くの企業、利用者などが協力する必要があり、企業の採算ベースだけで考えれば実現しにくい

が、国際的な展開を含めて推進している。（経産省）

語り13　独立行政法人となったJAMSTEC（海洋研究開発機構）では、「社会貢献」がキーワードの一つとなっていた。その実例とすべく研究成果を活用した海流予測に関する事業主体をベンチャー第1号として立ち上げたが、その予測データは中東から日本に向かう大型タンカーの燃費向上に役立った。その後、スーパーコンピューターの大幅な性能向上や地球温暖化問題への関心の高まりも受けて、国内を航行する船舶にも及ぶよう発展し、会社化された。最近は沿岸域におけるライフセービングへの活用の議論まで行われるなど、各方面で役立っていると聞く。（国交省）

語り14　東日本大震災による津波により大量の災害廃棄物が発生した。がれき撤去は地方公共団体の事務とされていたが、私有地に立ち入って処理できるかが問題となったため、土地所有者との連絡が取れなくても撤去できるという国の指針を発災の2週間後に出した。また、地方公共団体が処理費用の支払いに困らないよう財務省、総務省等と相談して財政上の措置を講じるとともに、専門家を現地派遣して相談に応じ、東北地方以外の地方公共団体に手伝ってもらう広域処理のコーディネートも行った。（環境省）

語り15　中国のGDPは2001年にはわが国のGDPの3割程度だったが、2010年に世界第2位、2020年には米国のGDPの7割、日本の3倍となった。欧米諸国では、産業化が進み豊かになれば自由で民主的な体制に移行するという楽観論が多かったが、東シナ海、南シナ海等の状況は厳しいものがある。国の守りは一朝一夕で整えることが出来ず、将来を見通した体制整備が必要で、その任に当たる責任を痛感している。（防衛省）

こうした話に比べると、筆者の体験は格段に小さい。それでも、社会のためにささやかな貢献をしたという実感が支えとなってきた点は同じである。新人として携わった週休二日制の導入の際には、当時約50万人の国家公務員の全職場について「星取表」を作り、この職場ではこんな機材を入れれば解決する、交代制であれば4週間でここに休みが置けないか、どうしても無理なら、8週間か12週間単位ではどうかなど、全省庁人事担当者から聴き取って記入した。学生時代に考えていた「法令を作ればそのとおりに物事が動く」のではなく、「実施できるように条件を整えて、関係者の納得も得た上で、法令を書く」という手順が必要であることを肌感覚で理解した。いまでも土曜日の街の賑わいをみるとき、こうした日本社会の変化に末席ながら関与できたことが小さな誇りである。

また、行政官として最後の仕事となった障碍者雇用は、長年にわたって官庁が法定雇用率を守っていなかった不祥事の発覚から突貫工事での対応が始まった。自分の膝元でも遵守されておらず、それに気づかなかった鈍感さが恥ずかしい。各省とも「うちは無理」と逃れようとする中、法律による雇用確保の義務づけという仕組みが威力を発揮したが、一方で、達成を阻む要素も明らかになった。内閣官房副長官補室の統括の下、厚労省は民間ノウハウの各省への指導、内閣人事局や財務省は人事運用や定員の確保など、そして人事院は特別な採用試験の新設を担当した。このチームでは、全員が「数合わせではダメだ、これを機に障碍のある人々が能力を存分に発揮できる仕組みを作らなければ」という価値観を共有しており、悪名高かった霞が関のセクショナリズムが克服されつつあることを実感した。「法的義務を遅れて果たしただけ」と言われればそれまでだが、メンバーの力量と熱意なしには達成できなかったと思う。

初めての採用試験の朝には、白杖を手に家族の肩に支えられたり盲導犬を連れたりした人、車椅子の人などが続々と試験会場に入る姿が報道された。このペーパー試験のほかに、知的障碍者に配慮した実技中心の選考採用も設けたが、この方法で採用された職員の熱心な働きぶりは職場でも高く評価されている。

行政を離れる前にこの施策の一端を担えたことには、個人的にも感慨があった。田舎町の知的障碍者の学園長だった祖父が、どれだけこうした支援を願っていたのかが記憶に鮮明だったからである。人は一人ひとり、誰もが大事にされるべきであること、理不尽を許さず、市場原理では取り残される構造的問題に取り組むのが行政の役割であること。強い使命感もなく行政官生活を始めたにもかかわらず、ルールメーカーの一人として、胸の奥に眠っていた長年の思いを形にする機会が最後に与えられたのは、天から裏方への贈り物だったのだろう。

②官僚としての正しさ

ウェーバーのすべての議論の根底には「神々の闘争」、すなわち絶対神なき世界における価値の多元性がある。複数の価値は相互に矛盾し得る。だからこそウェーバーは、各々の職業を通して、自らが選びとったものに誠実であること、そこから必然的に生ずる不都合な帰結を受け止めることを強調している。

行政にも多数の考慮要素や制約条件があり、一つだけを切り取って絶対的に正しい、あるいは間違った政策というものがあるわけではない。①で紹介した様々なエピソードに対しても様々な批判があろうが、いずれも担当者である官僚の価値観と共鳴しただけで実現したわけでなく、政治による価値判断を経たものである。

「公益」を判断するのは国民に選ばれた政治の役割であり、その下で働く官僚は、いったん下された決定に対して自分の信念や判断を差しはさむことは自重しなければならない。いかに善意から出たものであっても、それは独善や恣意となってしまう。しかし、一方で、まったく思考せず、機械のように多数意志に従属すれば、後世から「人間として超えてはならない一線を超えた」と非難される可能性もある。実際、過去には、手続的には瑕疵《かし》なく成立したが良識や知見の反映が欠けていた政策の例がある。思考停止による従属は、執行場面においてはアイヒマン的な非人道性、政策立案場面においては少数者の抑圧や長期的悪影響の危険を内包する。たしかにウェーバーが官僚に求めたのは「感情の排除」であって「思考停止」ではなく、上司への意見具申も想定されている(ヴェーバー 2020: 47)。しかし、「価値判断から退け」という規範には、「人としての感性や経験から来る違和感を覚えても立ち止まるな」という含意も否定できない。

政治主導の時代に、官僚が拠るべき規範が「独善」でもなく「思考停止」でもないその隙間にあるとすれば、そこでの「正しさ」の原理となり得るのは何か。二つ考えられる。

一つは、採用時に義務付けられた服務の宣誓(国公法97条、職員の服務の宣誓に関する政令)でも明示されているように、憲法原理である。法学部に入れば最初に学ぶことであるが、国民の多数意志だからといって、為政者がどんな法令でも作れるわけではない。憲法は権力保持者による濫用を阻止し、国民の利益保護を終局の目的とするもので（佐藤 2011：20）、法律を作る側の手を縛る。日本国憲法第13条は「すべて国民は、個人として尊重される。生命、自由及び幸福追求に対する国民の権利については、公共の福祉に反しない限り、立法その他の国政の上で、最大の尊重を必要とする」と規定する。行政に携わる者は、法律より上位にある規範としてこうした条文を常に意識する必要があり、米国ではすべての公務員に、合衆国憲法の支持・擁護と忠誠の宣誓が義務づけられている。

この点で、ドイツにおける官僚の義務規定の変遷も想起される。同国では、従来から官吏は「上司に対し助言し補佐する義務を負う」（官吏法第62条）として、一方的に命令を受ける関係ではないと位置づけられ、上司の命令に従った場合でも、違法な職務行為には個人として全面的に責任を負う。免責されるには、上司あるいはその上の上司に「命令の適法性に疑義がある」と異議申立てをして、その命令が改めて追認されることが必要とされる。さらに１９５７年になって、こうした手続を経たとしても、「命令の内容が人間の尊厳を傷つけるものであるとき」には免責されないという規定（現行第63条）が加えられた。ナチス政権という経験が、「選良たちが尊厳を傷つける命令を出すことはあり得ない」という性善説の放棄、人倫は官僚の命令遵守義務に優ることとの明文化をもたらした。生《なま》の力が支配する状況にあっても、「人間の尊厳を傷つける」ことは絶対悪であるという価値判断の宣言である。ドイツを専門とする行政学者の長濱政寿も、絶対的価値基準なき中での政策の在り方について、「仮説的なもの」と断りつつ、「人間の尊厳、あるいは政治システムにおける個人の地位の尊重」という基準を挙げている(長濱1973: 23)。

もう一つは、政策立案において政治を補完する立場という視点である。すべての人々の利益を包含するという行政の性格に鑑みれば、官僚には、多数原理の政党政治では欠けやすい部分を補う意識が求められる。選挙政治は専門的・技術的な事柄には馴染みが悪いこと、それ以外の事柄でも少数者を抑圧しないという条件が付くべきことはしばしば指摘される(ティロール2018: 193等)。官僚が現場での執行を通じて人々の生活実態に向き合い、その痛みや願いを真摯に汲み取っていくことは、政治を適切に補う要素となるとともに、コンサルタントや評論家では代替不能な価値をもつことになる。逆に、この日々の地道な役割を官僚が放棄して霞が関に籠ってしまえば、強い者の声だけで政策が決まることになりかねない。

③官僚の守護霊《デーモン》

人間としての自覚のあるものにとって、情熱なしになし得るすべては、無価値である(ウェーバー 1936: 23）と断じたウェーバーは、政治や学問を（単なる生計の手段ではなく）天職（召命）とするのはどのような人々かを熱く語る。

政治については、「情熱と判断力の二つを駆使しながら、堅い板に力をこめて…穴をくり貫いていく作業」（ヴェーバー 2020: 122）と述べ、その情熱とは「その事柄《ザッへ》を司る神又はデーモンへの献身」（前掲: 89）とする。暴力という決定的手段を有する政治には、何よりも結果に対する責任（責任倫理）が不可欠な資質であるが、それと「善きこと」を求める信条倫理との両者があいまって「政治への天職」を持ちうる真の人間が作り出される（: 119）。「自分が世間に対して捧げようとするものに比べて、現実の世の中が…どんなに愚かであり卑俗であっても、断じて挫けない人間。どんな事態に直面しても「それにもかかわらず《デンノッホ》！」と言い切る自信のある人間。そういう人間だけが政治への「天職《ベルーフ》」を持つ」（: 122）。

また、学問については、今日（1917年）では「自己省察と事実関連の認識に奉仕して専門的に営まれる「仕事」」（ウェーバー 2018: 78）となっているとして、若い学生たちには、仕えるべき神を示す絶対的な価値基準なき「時代の運命に雄々しく耐える」（前掲: 86）ことを要求する。率直な知的誠実という義務に従い、ただ待ち焦がれるのではなく「日々の要求」をこなすことは、各人が「その人の人生を握っているデーモンを見つけ、そのデーモンに従うならば、これは単純明快なこと」(同:87)である。政治家にも学者にも登場する「Dämon(デーモン)」とは、ゲーテの詩で「人生を導く運命」として使われたことでも知られ(Owen & Strong 2004: 31)、"inner or attendant spirit"(同)、「守護霊」(ウェーバー 1936: 74)などと訳されている。

では、官僚についてはどうか。ウェーバーは、官僚への要求として「倫理的規律と自己否定」(2020: 47)を挙げ、「官僚制固有の特性で、徳性として称賛されているもの」は、職務の「処理にあたって愛憎や、あらゆる純個人的な、一般に計算できない、いっさいの非合理的な感情的要素を排除すること」(1987: 35)と述べるが、デーモンに関する記述は見当たらない。

こうした「感情の排除」「自己否定」は、通常の職業人にとっては不可能に近い上、時には不適切な思考停止ももたらし得ることは既に述べてきたが、その留保を付した上で、ウェーバーが語ることのなかった「官僚の人生を導くデーモン」を考えてみたい。

第1章でインタビューした幹部官僚たちに「あなたの職業人生を導く力は何だと思うか」と聴いてみたところ、以下の答えが返ってきた。

●世のため、人のため。物質的に満足すれば人間はそう変なことはしない。そうした社会のために働くこと。

●自分のためではなく、個々の利害でもなく、人のためになることをやる仕事。迷った時に、公益という基準はわかりやすい。嫌な上司がいたとしても、精神的に健全でいられる。
●自分が動くことで、目に見える形で世の中にプラスになることを実現したい。抵抗があっても、動かす側にいたい。理論とバランス感覚を頼りに、「よいこと」をしたい。
●特定者の利益ではなく国民全体を考えて、日本社会を次の世代により良いものにして渡していくこと。いまの瞬間だけでなく社会の長期的利益で考えれば、感情で叩く世論に抗すべきこともある。行政の信頼性のためには、長い目で見て、誰に説明しても恥ずかしくない理屈を考えることを怠ってはならない。
●日本国民全体のためになるものを目指すという初心。天災の影響は理知で食い止めること。
●一言で言えば、「正義」。

共通するのは「人のため、社会のために動きたい」というシンプルな正義感と、「良い社会は努力すれば実現できる」というある種の進歩主義である。これは、政治家のデーモンでもあろう。動かすこと、結果を出すことにこだわるのも実務家ならではの気質である。ただ、もう一つ目につくのは、「理」という言葉である。官僚が背負うべきは、少数者や将来世代の利害にも目配りした冷静な理知であるという認識であるが、これは多数者の願望を投影する政治との軋轢を内包する。

このように考えていくと、官僚の役割は、専門知識に支えられた冷徹さと同時に人々への熱い思いを要する医師、とりわけ現場で診断や執刀に当たる臨床医の仕事にどこか似ている。意欲だけで役割を果たすことはできず、長期の厳しい知的訓練を要する。目先の感情に溺れることは許されないが、「人のため」という情熱なしには職責に耐え続けることはできない。善意や愛想も大事だが、それよりも結果によって判断される。官僚に必要なのは、「良き社会のための臨床医」に徹する覚悟であると集約できるかもしれない。

これを踏まえて、どんな職業であれば自分らしく生きられるのかと真剣に考えている若い人々に対し、いくつか聞いてみたい。

○全体とは多数と同義ではなく、一人ひとりの包摂か。
○見知らぬ誰かが理不尽な目に遭っているのを見逃せないか。
○人間は理知の力によって、より良き社会に近づいていけるか。
○次の世代に対し、今より住みやすい世界を残していく義務があるか。
○高みから問題を指摘するより、結果を出すまで行動するほうが大事か。

もしいずれの問いにも「そう思う」と答えるのならば、その人はきっとそこに、官僚としての人生を支えるデーモンを見出す。

④官僚への言葉

「どんな事態に直面しても「それにもかかわらず！」と言い切れる人間だけが政治への天職を持つ」と結んだウェーバーに倣うならば、これ以上の記述は蛇足である。しかし、「あるべき」論で終われないのが実務家の無粋な性分でもある。

いま目の前に、「自分は官僚という職業へのデーモンに導かれている」と感じる優秀な若人がいるとする。では、我々はその人に、官僚となるよう何の躊躇もなく勧めることができるか。躊躇を感じるとすれば、それはなぜなのか。

1980年代までであれば、躊躇はおそらく必要なかったであろう。給与が同級生の多くに比べてかなり低いことも、拘束時間がむやみに長いことも、合理性を欠く古い慣行が多々残っていることも、「より良い社会づくりに貢献する」という仕事の魅力が上回ると伝えることができた。しかし、ここまでみてきたとおり、現在はそのバランスが崩れている。適性を持つ若い人々に官僚という職業を勧めるのであれば、バランスの取れた仕組みを再構築する責任を果たすことも約束しなければならない。1980年代には不可侵と思われていた制度や慣行も社会の常識に応じて激変したのだから、現在の仕組みも絶対ではなくいくらでも改善できる。

新型コロナウイルス感染症が世界中に広がる中、医療に携わる人々については、典型的なエッセンシャルワーカーとしての重要性が改めて認識されている。すべての国民の健康を託すからこそ、医療従事者の犠牲的精神だのみではなく、彼らが多大な無理をせず安心して働ける仕組みが必要だと論じられるようになっている。

同様に、行政の最前線で困難な課題に立ち向かう人々についても、民主制だから、赤字企業だから、税金で賄われているからといった理由だけで、過剰な犠牲を強いることがあってはならない。最適な官僚制を実現するには、最大の利害関係者である国民一人ひとりが、政治に丸投げせず自分ごととして取り組む必要がある。「自分ごととして」とは、生身の人間である官僚を仲間の一人という目でとらえ直すとともに、官僚に要求するだけでなく、自らが担うべき役割を考えて、それを果たしていくということである。

前述のたとえに戻ると、臨床医が行えるのは病気やケガに対する治療であって、健康の確保は患者本人の節制にかかっている。青年期を過ぎたにもかかわらず当時と同じ強壮を取り戻したいと願っても、それは医師の力を超えた無理な注文となる。疲弊しきった医師は、正確な診断、的確な執刀はできない。目の前の医師にはすべての病状への精通を期待したくなるが、専門分化は医療水準を保つために不可欠である。どれほど医学が進歩しようが医師も万能ではなく、力が及ばぬことも誤りを犯すこともあるが、専門知に裏付けられた診断に耳を傾ける方が、患者にとっては有益である可能性が高い。とはいえ、何が健康で幸福な生活なのかも含めて、最終的な決断をするのは患者本人であり、医師が勝手に動いてはならない。これらはいずれも、国民・政治家と官僚との関係を考える上で参考になる。

天職を持つ若手を良い官僚に育て上げるには、国民からの辛抱強い関わりを要する。官僚が上からの指示を機械的に実行するだけで人々の日々の思いに無頓着であるならば、国民の悩みや不安に向き合うよう、はっきりと伝えなければならない。難しい試験に合格して採用された自分の将来は安泰だと思い上がっていれば、「身分保障の理解が間違っている」とたしなめなければならない。本来の職責から逸脱し、あるいは易きに流れようとする官僚には、ふさわしい制裁を与えることも必要である。しかし、これらの対応は、官僚すべてを私益追求者だと決めつけ、現実社会から生ずる鬱憤をそのままぶつけることとは違う。

威嚇によって人を思い通りに動かすことはできないが、共感の言葉は時に思いがけない力となる。広報担当だった2005年、私立介護病院の事務長を務めているという読者から、人事院月報への感想のはがきが届いた。表紙絵を提供して下さった日本画家の先生が「裏日本と呼ばれる地域で育った環境が、裏から彩色が透ける技法に導いてくれた」「心の中に染み込む優しさが、より人の心を動かすのではないか」と書かれたエッセイ（宮廻2005）に、「自分のような裏方がどれだけ励まされたかしれない」と。華やかにみえる大きな制度設計や国際会議での交渉も、その結果を現場で執行する多数の人々の地道な責任感に支えられている。小さな発信が人を動かし、仕事への意欲を生む。このはがきは、裏方たる人事院は世の中にどう役立つのかと悩んでいた筆者にも一つの光明となった。ちなみに、エッセイの題名は「心《うら》」。「うら」とは表にみえないもの、「こころ」を指す言葉であることをこのとき初めて知った。

不愉快な事実を伝える者を黙らせるのではなく、煩わしい問題を一掃する万能薬を望むのでもなく、国民一人ひとりが、数多《あまた》の制約条件から目を背けず、優先すべきこと、断念せざるを得ないことを考え、それを政治に託す。政治が示す現実的な目標に向けて、官僚がそれぞれの持ち場で知見を精一杯発揮できる仕組みを整備する。そして、人々の痛みに真摯に向き合おうとする官僚の姿を目にしたときは、自分たちの仲間として支援する。それがおそらく、より良い行政を実現する唯一の途である。

その支援の約束こそが、真に官僚にふさわしい人々を天職にいざなう。

あとがき

「官僚とは何かについて新書を書いてほしい」という依頼を岩波書店の島村典行氏からいただいたのは、2021年に入って間もない日だったと記憶している。岩波の名は私にとって、リンドグレーンやトラヴァース、ケストナーやランサムなど、子ども時代を限りなく幸福にしてくれた作家たちと結び付いている。博士論文となる最初の著書を出し、今度は霞が関での観察をより多くの人に伝えたいと考えていた矢先でもあり、天にも昇る気持ちでお受けしたのだが、いざとりかかると、毎晩のようにあらゆるバリエーションの「大事な約束を忘れていた」という悪夢にうなされて、新米研究者の身の丈を超えた難行であることを思い知らされた。

岩波文庫の古典でもあるウェーバー2部作の向こうを張る『職業としての官僚』を書く役割は、本来ならば一流の官僚制研究者か、内閣官房副長官など官僚の王道を究めたOBに委ねられるべきだったのだろう。題名からそうした期待を持って手に取られた方からは、誇大看板とのお叱りを受けると思われ、お詫び申し上げたい。ただ、やっとの思いで本書を書き上げて感じるのは、いつの間にか願った場所に導かれていくという運命の不思議さ、力強さである。曲がりくねり、王道から遠い道のりだったが、これが少々ひねりのきいた筆者のデーモンということなのだろう。

学部4回生の時、民法ゼミの指導教授だった北川善太郎先生は研究者の途を勧め、お膳立てまで整えて下さった。私自身も勉強を深めたいと思っていたのに、独り立ちまでの長さへの不安がぬぐえず、目の前の「すぐ食べていける仕事」を選んでしまった。それから36年の年月が流れ、いま先生の以前の研究室の向かいに陣取り、霞が関でのリサーチワークの集大成としてこの本を書いている。北川先生がご存命であれば、「心配しなくても大丈夫だと言ったでしょう」と、いつもの温顔を一層ほころばせて下さったに違いない。もはやご恩返しがかなわぬ先生のご霊前に、お示し下さった糸がこうしてつながったことを、言葉に尽くせぬ感謝を込めてご報告したい。

不思議な糸でつながったと言えば、本書の通奏低音となっている「人の尊厳と言葉」という切り口も同じである。10代の頃から西洋文学に耽溺《たんでき》したせいで、剝き出しの力が横行する体制下でごくふつうの人がどれだけ残酷になり得るかは、歴史や政治学として体系的に学ぶより先に疑似体験のように浸みこんでいる。英国留学中もスイス在勤中も、様々な史跡を巡りながら、

「究極の状況に置かれた時でも超えてはならないものは何か」と自問した。もちろんこれは官僚に限った問いではないが、仕事柄、官僚の守るべき一線という切り口で取り組んできたことで、遠い師匠筋である京大の長濱政寿先生が50年前に言及された「人間の尊厳」という軸に巡り会った。同時に、孔子に始まってウィトゲンシュタインからロザンヴァロンに至るまで、古今東西の思想家たちがなぜあれほど「言葉の空虚さ」を警戒したのかが自分の中でカチッとはまった。「言葉」は人が自らの感性を守る手段であり、それが力で歪められる状態を許してはならない。結びの各節には、長年の模索に対する思いが込められている。

執筆に当たっては、数えきれぬほど多くの方々からご支援いただいた。最初に感謝をお伝えしたいのは、多忙の中、面倒な取材に快く応じて下さった二十数名の各省現役・ＯＢの方々である。文中で紹介できたのはその一部に過ぎず、お名前が挙げられないのも残念だが、どなたも本書の趣旨を汲み、公務に対する真摯な思いと若手へのエールを伝えて下さった。仕事上の縁があった方々から変わらぬ友情を示していただき、自分の職業人生がどれだけ「人」に恵まれた豊かなものだったか、改めて嚙みしめる機会となった。心より御礼申し上げる。

また、長きにわたって導き、支えて下さった人事院の上司・同僚、恵まれた執務環境を提供下さっている京都大学公共政策大学院・同法学研究科の皆様、博士論文はじめ手厚い研究支援をして下さった立命館大学政策科学研究科の皆様にも深く感謝を申し上げる。

拙稿の完成に至るまでには多くの専門家からご教示をいただいた。とりわけ野口雅弘先生には、在外研究の期間中にもかかわらず多大なお時間を割いていただき、ウェーバーはじめドイツ思想家に関する懇切なご指導とご教示をいただいた。ドイツ語もおぼつかない素人が無謀な挑戦を貫けたのは、ひとえに野口先生の忍耐強く温かいご支援あってのことである。また、各パーツには曽我謙悟先生、野中尚人先生、牧原出先生から有益なコメントを、全体には木南敦先生から読者目線の詳細なご助言をいただいた。Tallinn University of Technology（エストニア）の Wolfgang Drechsler 教授とは主要国の官僚制について日頃から意見交換させていただき、同大学に招聘を受けて講義した際の気づきは本書にも多々反映されている。このほか急な照会に快く応じて下さった先生方に心より御礼申し上げる。

人事院からも資料提供など多くの支援を受けた。きめ細かく目を通して下さった合田秀樹氏、植村隆生氏、澤田晃一氏、国際課、企画法制課、企画課の皆様に厚く感謝申し上げる。言うまでもなく、文中の意見にわたる部分は人事院の見解とは無関係であり、すべての誤りは筆者個人の責任である。

岩波書店の島村氏からは、行き詰まるたびに絶妙のアシストをいただき、不慣れな執筆を支えていただいた。「にもかかわらず！」で突き放さず、広い読者層に向けた記述で締めくくる形としたのは同氏のご助言である。無名の私をこのテーマの執筆者として選び、本書の誕生を実現して下さったことに改めて御礼申し上げる。

本書は、官僚の全体眺望を示す見取り図の提示にこだわったため、筆者の容量を大きく超える広範な分野を扱ってしまい、各項目に関して行き届かない面が多々ある。専門分野が細分化されたこの時代、こうした「俯瞰的」な記述を試みること自体、純粋な研究者にはあり得ない蛮行だろう。細部の正確性は多少損ねても、現場感覚の再現を試みる方が読む側には役立つはずだからといったん腹をくくったものの、「多少」では済まない誤りが目立つことと思う。全方位から基本的勉強不足という批判を受けるものと承知しており、各分野のご専門の先生方からのご指摘・ご叱正を待ちたい。また、表面を撫でる紹介にとどまった項目については、今後、個別に掘り下げた分析を提供していかなくてはと考えている。

執筆が苦しくなった時、いつも心を奮い立たせてくれたのは、京都大学をはじめ諸大学で筆者の授業・演習に参加してくれた学生や修了生の姿である。他人ごとだと割り切れば、本書はもっとスマートに書けただろうと思うが、教え子一人ひとりの職業選択に影響するかもしれないと思うと、無責任な評論で済ませることはできなかった。彼らを見るたび、かつての自分と重なる。本書は何にもまして、皆さんが天職に巡り合うことを願って書いたものであり、末永い人生の幸福を祈ってやまない。

最後に、いつも信頼して見守ってくれる故郷の両親、母国・英国を離れて私に寄り添う人生を選び、すべてを受けとめてくれる夫に、本書に託して感謝を届ける。

二〇二二年如月　京都・吉田山麓にて

嶋田博子

(追記)出版を心待ちにしていながら3月半ばに旅立った父に、本書を捧げる。

公務員制度に関する主な変化

	内閣	公務員制度の動き	取り巻く状況・社会情勢
1981	鈴木	4週5休制開始 税務・入国警備官採用試験の女性受験制限撤廃	第二次臨調発足
1982	中曽根(11月-)	給与勧告凍結(給与法改正せず)	
1983		給与勧告抑制(6.47%→2.03%)	第二次臨調最終答申 行革審発足
1984		給与勧告抑制(6.44%→3.374%)	
1985		60歳定年制施行 新採用試験(Ⅰ～Ⅲ種)実施 給与勧告どおり実施(3か月遅れ) 新給与制度移行(等級再編)	電電公社・専売公社民営化 プラザ合意
1986		新休暇制度施行(法的根拠付与) 共済法改正法施行(基礎年金導入)	男女雇用機会均等法施行 行革審最終答申 前川レポート バブル景気開始
1987	竹下(11月-)		国鉄民営化・JR6社発足 新前川レポート
1988		4週6休制開始	改正労基法施行(フレックス等) リクルート事件発覚
1989 平成	宇野(6月-) 海部(8月-)	閉庁方式4週6休制に移行	労働・文部両前事務次官逮捕 消費税導入

公務員制度に関する主な変化

			官民統一の連合発足
1990			湾岸戦争，ソ連消滅
1991	宮澤(11月-)	点字試験導入	バブル景気崩壊
1992		試験日程早期化 特定大学出身者採用5割以下申合せ 完全週休2日制 育児休業法施行	
1993	細川(8月-)	Ⅰ種人物試験評点化開始	非自民連立政権発足 EU発足
1994	羽田(4月-) 村山(6月-)	勤務時間・休暇法施行(介護休暇創設)	衆院小選挙区制導入法案成立 行政手続法施行
1995		共済育児休業手当金創設	阪神淡路大震災 官官接待問題化
1996	橋本(1月-)		住専処理法案成立 行政改革会議発足 薬害エイズで厚生省課長等逮捕 収賄で前厚生事務次官逮捕
1997		長期の初任行政研修開始 任期付研究員法施行 事務次官等の特例定年創設 不祥事疑い時の退職手当・期末勤勉手当差止め制度創設	北海道拓殖銀行・山一証券破綻 公務員制度調査会発足 行政改革会議最終報告
1998	小渕(7月-)		金融検査汚職で大蔵省職員逮捕

1999		セクハラ防止規則施行 超勤上限目安時間等の指針 Ⅱ種・Ⅲ種職員登用申合せ	公務員制度調査会答申
2000	森(4月-)	福祉職俸給表創設 国家公務員倫理法施行 任期付職員法施行 官民人事交流法施行 局長以上人事に内閣承認制	介護保険制度発足 地方分権推進一括法施行 男女共同参画基本計画閣議決定 内閣に行政改革推進本部設置 行政改革大綱閣議決定
2001	小泉(4月-)	外務Ⅰ種試験廃止・Ⅰ種に統合 再任用制度導入(最長65歳) 過労死公務災害認定指針	中央省庁再編 独立行政法人通則法施行 情報公開法施行 公務員制度改革大綱閣議決定
2002		Ⅰ種合格者数増加(2.5倍へ) 初の俸給引下げ勧告 人事・給与情報システムの検討開始 早期退職慣行是正申合せ	政策評価法施行 e-Japan重点計画2002決定
2003		受動喫煙対策指針	国立大学法人法施行
2004		心の健康づくり指針 人給システム最適化計画	法科大学院派遣法施行
2005		給与構造改革勧告(2006年度から順次施行)	個人情報保護法施行 郵政民営化法案否決・総選挙を経て成立

公務員制度に関する主な変化

2006	安倍(9月-)	人事評価第一次試行 留学費用償還法施行 民調対象変更(50人以上企業に拡大) 分限指針 経験者採用システムによる試験開始 第1回退職給付調査見解表明	行政改革推進法施行 内閣に行政改革推進本部設置
2007	福田(9月-)	人事評価第二次試行 育児短時間勤務制度等新設 国公法改正(再就職事前承認から事後規制へ・人事評価導入) 第1回再チャレンジ試験実施 自己啓発休業法施行	防衛省発足 年金記録問題 郵政民営化開始 収賄で前防衛事務次官逮捕
2008	麻生(9月-)	専門スタッフ職俸給表創設	内閣府に再就職等監視委員会・官民人材交流センター設置 国家公務員制度改革基本法公布・施行 リーマン・ショック
2009	鳩山(9月-)	本府省業務調整手当創設 審議官級昇任時窓口体験研修開始 全府省で人事評価開始	改革工程表を推進本部決定 国公法改正法案①提出・廃案 消費者庁発足 社会保険庁廃止
2010	菅(6月-)	期間業務職員制度(非常勤)創設	日本年金機構発足 国公法改正法案②提出・廃案
2011	野田(9月-)	定年引上げの意見の申出(実施見送り)	東日本大震災,福島原発事故

		第2回退職給付調査見解表明(平均402万円の官民差)	国公法改正法案③提出・2012年廃案 公文書管理法施行
2012	安倍(12月-)	給与改定・臨時特例法施行(2年間の平均7.8%減額支給) 新採用試験移行(総合職・一般職・専門職等)	復興庁発足
2013		給与勧告なし(改定不要) 社保庁分限免職審査請求71件への判定発出	退職手当引下げ開始 国公法改正法案④提出
2014		配偶者同行休業法施行 国公法改正法案④成立・内閣人事局創設 給与制度の総合的見直し勧告(2015年度から順次施行)	特定秘密保護法施行
2015		共済年金職域加算廃止・被用者年金一元化	国立病院が非公務員型に移行 改正労働者派遣法施行
2016		フレックスタイム制適用範囲拡充	
2017		第3回退職給付調査見解表明	森友・加計問題報道
2018		再度定年引上げの意見の申出	働き方改革関連法案成立(2019年度から順次施行)
2019 令和		障害者採用選考試験を2回実施 超勤上限を人事院規則で設定	厚労省勤労統計不祥事 パワハラ防止法成立(順次施行)

公務員制度に関する主な変化

2020	菅(9月-)	就職氷河期世代採用選考試験実施(2021年も) 定年引上げ法案提出・廃案 パワハラ防止規則施行	新型コロナ禍
2021	岸田(10月-)	定年引上げ法案成立(2023年度施行) 出生サポート休暇創設	

参考文献

足立忠夫 1978『職業としての公務員 ── その生理と病理』公務職員研修協会

アーレント，ハンナ(志水速雄訳)1973『人間の条件』中央公論社

──(山田正行訳)2000『暴力について』みすず書房

──(大久保和郎訳)2017a『エルサレムのアイヒマン』みすず書房

──(大久保和郎他訳)2017b『全体主義の起原(1～3)』みすず書房

飯尾潤 2007『日本の統治構造 ── 官僚内閣制から議院内閣制へ』中公新書

石川健治 2007『自由と特権の距離　カール・シュミット「制度体保障」論・再考(増補版)』日本評論社

出雲明子 2014『公務員制度改革と政治主導 ── 戦後日本の政治任用制』東海大学出版部

稲継裕昭 1996『日本の官僚人事システム』東洋経済新報社

ウィトゲンシュタイン，ルートヴィヒ(黒崎宏訳・解説)1994『哲学的探究』産業図書

ウェーバー，マックス(中村貞二・山田高生訳)1973「新秩序ドイツの議会と政府」『ウェーバー』河手書房新社

──(阿部行蔵訳)1973「プロテスタンティズムの倫理と資本主義の「精神」」同上

──(濱島朗訳)2012『権力と支配』[1921-1922『経済と社会』第1部3章・第3部第6章]みすず書房=(阿閉吉男，脇圭平訳)1987『官僚制』[上記第3部第6章]恒星社厚生閣

[※上記以外ウェーバー→Weber, Max]

宇賀克也 2015『行政法概説Ⅲ(第4版)』有斐閣

内山融・伊藤武・岡山裕編著 2012『専門性の政治学 ── デモクラシーとの相克と和解』ミネルヴァ書房

NHK取材班 2021『霞が関のリアル』岩波書店

大石真・大山礼子編著 2017『国会を考える』三省堂

大嶽秀夫 2006『小泉純一郎　ポピュリズムの研究』東洋経済新報社

大山礼子 2013『フランスの政治制度(改訂版)』東信堂

岡田彰 1994『現代日本官僚制の成立』法政大学出版局

参考文献

岡田信弘編著 2020『議会審議の国際比較 ──【議会と時間】の諸相』北海道大学出版会
岡田信弘・徳永貴志・トゥルモンド，ジル・ヴァンゼル，セリーヌ・河嶋春菜 2020「「議会と時間」をめぐる最近の動向 ── フランスとドイツの場合」北海学園大学法学研究 56(1)号 55-85
蔭山宏 2020『カール・シュミット』中公新書
風間規男 1995「行政統制理論の復権」日本行政学会編『地方自治のクロスロード』年報行政研究 30 号 107-125，ぎょうせい
片岡寛光 1998『職業としての公務員』早稲田大学出版部
金井利之 2006「戦後日本の公務員制度における職階制 ── 制度に埋め込まれた(反)調整原理」日本公共政策学会『公共政策研究』6 号 64-80
── 2021『コロナ対応禍の国と自治体』ちくま新書
河島太朗 2011「イギリスの 2010 年憲法改革及び統治法(1) ── 公務員」国立国会図書館『外国の立法』250 号 71-103
── 2013「イギリス議会における行政監視」国立国会図書館『外国の立法』255 号 42-67
川田琢之 2002「公務員制度改革大綱の分析 ── 労働法学の観点から」『ジュリスト』1226 号 68-74
川手摂 2005『戦後日本の公務員制度史 ── 「キャリア」システムの成立と展開』岩波書店
神田文人・小林英夫編 2019『昭和・平成現代史年表』小学館
グズィ，Ch.(原田武夫訳)2002『ヴァイマール憲法 ── 全体像と現実』風行社
黒川和美 2013『官僚行動の公共選択分析』勁草書房
グレーバー，デヴィッド(酒井隆史訳)2017『官僚制のユートピア』以文社
── (酒井隆史他訳)2020『ブルシット・ジョブ ── クソどうでもいい仕事の理論』岩波書店
クールマン，ザビーネ・ヴォルマン，ヘルムート(縣公一郎他訳)2021『比較行政学入門 ── ヨーロッパ行政改革の動向』成文堂
小林公夫 2019「ドイツの議会制度」国立国会図書館『調査と情報』1055 号 1-13
ゴールドナー，A.(岡本秀昭・塩原勉訳編)1963『産業における官僚制 ── 組織過程と緊張の研究』ダイヤモンド社

今野元 2020『マックス・ヴェーバー ── 主体的人間の悲喜劇』岩波新書
坂本勝 2006『公務員制度の研究 ── 日米英幹部職の代表制と政策役割』法律文化社
佐々木毅・清水真人 2011『ゼミナール現代日本政治』日本経済新聞社
雀部幸隆 2001『ウェーバーとワイマール ── 政治思想史的考察』ミネルヴァ書房
佐藤英善 2003「公務員制度の基本理念と改革大綱の問題点 ── 国民主権国家における統治構造と公務員制度改革」『法律時報』75 巻 5 号 67-72，7 号 95-98，8 号 62-66
佐藤幸治 2011『日本国憲法論』成文堂
佐藤達夫 1962『日本国憲法成立史(1)』有斐閣
── 1964『日本国憲法成立史(2)』同
── 1994『日本国憲法成立史(3)(4)』同
佐野誠 2007『ヴェーバーとリベラリズム ── 自由の精神と国家の形』勁草書房
信田智人 2013『政治主導 vs. 官僚主導』朝日新聞出版
嶋田博子 2001「在ジュネーブ国際機関　採用の傾向と対策」『外交フォーラム』8 月号 68-71
── 2009「課長級以上の採用のための S−1 試験」『人事院月報』3 月号 32-35
── 2020a『政治主導下の官僚の中立性』慈学社出版
── 2020b「国家公務員における人材確保の現状と課題」立命館大学『政策科学』27 巻 3 号 49-72
── 2020c「米国官僚制理論から日本への示唆」『人事院月報』852 号 30-36; 853 号 29-35
── 2021「日・英・米人事行政機関の生存戦略」立命館大学『政策科学』28 巻 3 号 139-171
清水真人 2005『官邸主導 ── 小泉純一郎の革命』日本経済新聞社
── 2009『首相の蹉跌』日本経済新聞社
下井康史 2017『公務員制度の法理論　日仏比較公務員法研究』弘文堂
シュヴェントカー，W.(野口雅弘他訳)2013『マックス・ウェーバーの日本 ── 受容史の研究 1905-1995』みすず書房

シュタングネト，B.（香月恵里訳）2021『エルサレム〈以前〉のアイヒマン』みすず書房
シュミット，カール（田中浩・原田武雄訳）1970『政治的なものの概念』未来社
──（田中浩・原田武雄訳）1983『合法性と正当性　［付］中性化と非政治化の時代』未来社
──（川北洋太郎訳）1989『憲法の番人』第一法規［→ Schmitt, Carl］
──（樋口陽一訳）2015『現代議会主義の精神史的状況』岩波文庫
シュルフター，W.（住谷一彦・樋口辰雄訳）1984『価値自由と責任倫理』マックス・ヴェーバー研究草書 6，未来社
シルバーマン，B. S.（武藤博己他訳）1999『比較官僚制成立史』三嶺書房
人事院 1968『人事行政 20 年の歩み』
── 1969-1975『国家公務員法沿革史　記述編，資料編Ⅰ・Ⅱ』
── 1978『人事行政 30 年の歩み』
── 1988『公務員行政の課題と展望 ── 人事院創立 40 周年記念論文集』ぎょうせい
── 1998『人事行政 50 年の歩み』
── 2000「これからの行政における公務員の役割」『平成 11 年度年次報告書』
── 2004「政治任用 ── 主要諸国における実態」『平成 15 年度年次報告書』
── 2008『人事行政の展望と課題 ── 今後のあるべき公務員制度』
── 2009a「人事院の創立，変遷と国家公務員人事管理における現代的課題」『平成 20 年度年次報告書』
── 2009b「平成 21 年度における人事行政に関する基本方針」『人事院月報』5 月号
── 2012「公務員給与の決定過程～諸外国の実態と我が国の課題～」『平成 23 年度年次報告書』
── 2018『人事院 70 年人事行政の歩み』
新藤宗幸 2012『政治主導 ── 官僚制を問いなおす』ちくま新書
── 2019『官僚制と公文書 ── 改竄，捏造，忖度の背景』ちくま新書
菅義偉 2020『政治家の覚悟』文春新書
セルフ，ピーター（片岡寛光監訳）1981『行政官の役割　比較行政学的アプローチ』成文堂

千正康裕 2020『ブラック霞が関』新潮新書
曽我謙悟 2013『行政学』有斐閣
── 2016「官僚制研究の近年の動向 ── エージェンシー理論・組織論・歴史的制度論」『季刊行政管理研究』154 号 3-15，156 号 4-15
── 2016『現代日本の官僚制』東京大学出版会
高澤美有紀 2019a「アメリカ合衆国の議会制度」国立国会図書館『調査と情報』1045 号 1-13
── 2019b「フランスの議会制度」同 1047 号 1-13
高澤美有紀・濱野雄太・宮畑建志 2019「データで見る議会」同 1065 号 1-14
高橋洋 2010「内閣官房の研究 ── 副長官補室による政策の総合調整の実態」『年報行政研究』45 号 119-138
高安健将 2018『議院内閣制 ── 変貌する英国モデル』中公新書
高柳賢三・大友一郎・田中英夫編著 1978『日本国憲法制定の過程 Ⅰ・Ⅱ』有斐閣
田中秀明 2009「専門性か応答性か ── 公務員制度改革の座標軸」『季刊行政管理研究』(上)126 号 3-36，(下)127 号 3-17
── 2019『官僚たちの冬』小学館新書
田中守 1963『行政の中立性理論』勁草書房
玉巻百合子 1985「アメリカにおける上級終身職公務員の政治的中立問題について」『季刊行政管理研究』(上)29 号 34-41，(下)30 号 26-35
辻清明 1969『新版日本官僚制の研究』東京大学出版会
── 1991『公務員制の研究』東京大学出版会
ティロール，ジャン(村井章子訳)2018『良き社会のための経済学』日本経済新聞出版社
電通総研・同志社大学 2020「人々の価値観変容と“クオリティ・オブ・ソサエティ”の行くえ」 https://institute.dentsu.com/articles/1037/(最終アクセス：2022 年 3 月 4 日)
── 2021「第 7 回『世界価値観調査』レポート ── 最大 77 か国比較から浮かび上がった日本の特徴」 https://institute.dentsu.com/articles/1706/(同上)
長岡徹 2014「公務の中立性と公務員の中立性の間 ── 最高裁国公法二事件判決の意義」『法と政治』64 巻 4 号 299-327
中北浩爾 2017『自民党 ── 「一強」の実像』中公新書

参考文献

長濱政寿 1950『国家機能の分化と集中』弘文堂
── 1956「ドイツの官吏制度」辻清明編『公務員制度』勁草書房
── 1973『現代国家と行政』有信堂
中道実 2007『日本官僚制の連続と変化 ── ライフヒストリー編／ライフコース編』ナカニシヤ出版
那須典子 2011「米英仏における公務員の政治的行為の制限」『立法と調査』7月号 118-130
奈良岡聰智 2018「公文書管理体制の日英比較」『アーカイブズ』第69号
西尾隆 2013「公務員制度改革と世論」『季刊行政管理研究』143号 4-19
── 2018『公務員制』東京大学出版会
西尾勝 1990『行政学の基礎概念』東京大学出版会
西村美香 1999『日本の公務員給与政策』東京大学出版会
日本アーレント研究会編 2020『アーレント読本』法政大学出版局
野口雅弘 2011a『官僚制批判の論理と心理 ── デモクラシーの友と敵』中公新書
── 2011b『比較のエートス ── 冷戦の終焉以後のマックス・ウェーバー』法政大学出版会
── 2018『忖度と官僚制の政治学』青土社
── 2020a『マックス・ウェーバー』中公新書
── 2020b「官僚たちのマックス・ウェーバー ── ベルーフからブルシット・ジョブへ」『現代思想』12月号
野中尚人 2018「比較政官関係論から見た日本の公務員制度」村松岐夫編著『公務員人事改革』学陽書房
秦郁彦 1981『戦前期日本官僚制の制度・組織・人事』東京大学出版会
服部高宏 1995「ドイツの立法過程にみる政党と官僚」『議会政治研究』34号 50-58
服部有希 2013「フランスの議会による政治活動の統制」国立国会図書館『外国の立法』255号 68-87
塙和也 2013『自民党と公務員制度改革』白水社
ハーバーマス，J.・ルーマン，N.（佐藤嘉一ほか訳）1987『批判理論と社会システム理論（下）』木鐸社
濱野雄太 2014「フランスの行政府における大臣キャビネ」国立国会

図書館『レファレンス』3月号 77-100
── 2018「イギリスの議会質問制度」国立国会図書館『調査と情報』1028号 1-14
── 2019a「ドイツの議会質問制度」同 1037号 1-13
── 2019b「フランスの議会質問制度」同 1046号 1-13
── 2019c「イギリスの議会制度」同 1056号 1-14
原田久 2003「公務員制度改革過程における二つの変容」『新世紀の公法学 ── 手島孝先生古稀祝賀論集』法律文化社
── 2013「人事院の組織レピュテーション」『地方公務員月報』11月号 2-13
晴山一穂・佐伯祐二・榊原秀訓・石村修・阿部浩己・清水敏 2011『欧米諸国の「公務員の政治活動の自由」』日本評論社
廣瀬淳子 2013「アメリカ連邦議会の行政監視」国立国会図書館『外国の立法』255号 6-22
藤田由紀子 2008『公務員制度と専門性』専修大学出版局
ヘラー，ヘルマン（大野達司・山崎充彦訳）2007「ドイツ民主制における職業官吏制」『ヴァイマル憲法における自由と形式』風行社
ペンペル，T. J.（畠山弘文訳）1987「占領下における官僚制の「改革」── ミイラとりのミイラ」坂本義和・R. E. ウォード編『日本占領の研究』東京大学出版会
前田健太郎 2014『市民を雇わない国家』東京大学出版会
牧原出 2013『権力移行』NHK出版
── 2016『「安倍一強」の謎』朝日新書
── 2018『崩れる政治を立て直す』講談社現代新書
マーチ，J. G.・オルセン，J. P.（遠田雄志・ユング，アリソン訳）1986『組織におけるあいまいさと決定』有斐閣
待鳥聡史 2015『代議制民主主義 ──「民意」と「政治家」を問い直す』中公新書
マートン，ロバート・K.（森東吾ほか訳）1961『社会理論と社会構造』みすず書房
真渕勝 1987「現代官僚の「公益」観」『季刊行政管理研究』40号 13-24
── 2009『行政学』有斐閣
── 2010『官僚』東京大学出版会
御厨貴・芹沢洋一 2016『政治が危ない』日本経済新聞出版社

―― 2021『平成の政治』日本経済新聞出版社
御厨貴・牧原出 2021『日本政治史講義』有斐閣
宮廻正明 2005「心(うら)」『人事院月報』667 号 22-23
ミルグラム，スタンレー(山形浩生訳)2008『服従の心理』河出書房新社
武蔵勝宏 2020「日本の国会審議の効率性と代表性」岡田信弘編著 2020『議会審議の国際比較』
無署名 2002「「公務員制度」放浪記」『月刊官界』28 巻 6 月号 96-117, 7 月号 100-124
村木厚子 2020『公務員という仕事』ちくまプリマー新書
村松岐夫 1981『戦後日本の官僚制』東洋経済新報社
―― 2010『政官スクラム型リーダーシップの崩壊』東洋経済新報社
村松岐夫編著 2008『公務員制度改革 ―― 米・英・独・仏の動向を踏まえて』学陽書房
―― 2012『最新公務員制度改革』学陽書房
―― 2018『公務員人事改革』学陽書房
村松岐夫・久米郁夫編 2006『日本政治変動の 30 年 ―― 政治家・官僚・団体調査に見る構造変容』東洋経済新報社
毛利透 2014『統治構造の憲法論』岩波書店
モムゼン，ヴォルフガング・J.(安世舟・五十嵐一郎・田中浩訳)1993, 1994『マックス・ヴェーバーとドイツ政治 1890-1920』未来社
森園幸男・吉田耕三・尾西雅博編 2015『逐条国家公務員法』学陽書房
森田朗 2000「政治的任命職の拡大と行政の中立性」『人事院月報』607 号 14-17
山口和人 1997「独連邦議会・比重高まる委員会」『議会政治研究』44 号 47-52
―― 2014「ドイツ公務員制度の諸問題」『レファレンス』9 月号 5-23
山本清 2018「「証拠に基づく政策立案」の課題と展望」『東京大学経営政策研究』8 号 217-223
吉田耕三編著 2018『公務員給与法精義』学陽書房
蠟山政道 1952「民主主義に背くもの ―― 国家公務員法の改正企図について」『人事行政』3 巻 5 号 2-12
ロザンヴァロン，ピエール(嶋崎正樹訳)2017『カウンター・デモクラシー』岩波書店

――(古城毅他訳)2020『良き統治――大統領制化する民主主義』みすず書房
渡辺富久子 2013「ドイツ連邦議会による政府の統制」国立国会図書館『外国の立法』255 号 88-116

Albrow, Martin. 1970. *Bureaucracy (Key concepts in political science)*. Praeger.(＝アルブロウ，マーティン(君村昌訳)1974『官僚制』福村出版)
Adams, Guy & Danny Balfour. 2010. "The Prospects for Revitalizing Ethics in a New Governance Era." In *The Oxford Handbook of American Bureaucracy (OHAB)*, ed. R. Durant.
Bawn, Kathleen. 1995. "Political Control Versus Expertise: Congressional Choices about Administrative Procedures." *American Political Science Review (APSR)* 89(1) 62-73.
Benton, Meghan & Meg Russel. 2013. "Assessing the Impact of Parliamentary Oversight Committees: The Select Committees in the British House of Commons." *Parliamentary Affairs*, Vol. 66: 772-797.
Blau, Peter M. 1963. *The Dynamics of Bureaucracy: A Study of Interpersonal Relations in Two Government Agencies*. Chicago UP.
Bouckaert, Geert. 2022. "The Neo-Weberian State: From Ideal-Type Model to Reality?" Paper presented at the Conference 'Max Weber and the Neo-Weberian State: Reappraising Bureaucracy in the 21st Century.' University College London, January 14.
Brehm, John & Scott Gates. 1997. *Working, Shirking and Sabotage: Bureaucratic Response to a Democratic Public*. Michigan UP.
Burnham, June & Robert Pyper. 2008. *Britain's Modernised Civil Service*. Palgrave Macmillan.(＝バーナム，ジューン・パイパー，ロバート(稲継裕昭監訳)2010『イギリスの行政改革』ミネルヴァ書房)
Callander, Steven. 2008. "A Theory of Policy Expertise." *Quarterly Journal of Political Science* 3(2) 123-140.
Carpenter, Daniel. 2001. *The Forging of Bureaucratic Autonomy: Reputations, Networks, and Policy Innovation in Executive Agencies in Executive Agencies, 1862-1928*. Princeton UP.
―― 2010. *Reputation and power: organizational image and pharmaceutical regulation at the FDA*. Princeton UP.

Carpenter, D. & George Krause. 2012. "Reputation and Public Administration." *Public Administration Review (PAR)* 72(1) 26–32.

Chapman, Richard A. 1988. *Ethics in the British Civil Service*. Routledge, Chapman & Hall.

—— 2004. *The Civil Service Commission 1855–1991*. Routledge.

Cohen, M. D., J. G. March & J. P. Olsen. 1972. "A garbage can model of organizational choice." *Administrative Science Quarterly*. 17(1) 1–25.

Demmke, Christoph. 2016. *Doing Better with Less? The Future of the Government Workforce: Politics of Public HRM Reforms in 32 Countries*. Peter Lang Pub Inc.

Downs, Anthony. 1967. *Inside Bureaucracy*. Little, Brown.（＝ダウンズ，アンソニー（渡辺保男訳）1975『官僚制の解剖 —— 官僚と官僚機構の行動様式』サイマル出版会）

Du Gay, Paul. 2000. *In Praise of Bureaucracy: Weber, Organization, Ethics*. Sage Publications.

—— (ed.) 2005. *The Values of Bureaucracy*. Oxford UP.

—— 2020. "The Bureaucratic Vocation: State/Office/Ethics." *New formations*. 100: 77–96.

Dunleavy, Patrick. 1991. *Democracy, bureaucracy and public choice: economic explanations in political science*. Harvester Wheatsheaf.

Dunleavy, Patrick, Helen Margetts, Simon Bastow & Jane Tinkler. 2006. "New Public Management Is Dead—Long Live Digital-Era Governance." *Journal of Public Administration Research and Theory*, 16(3): 467–494.

Dunn, William & David Miller. 2007. "A Critique of the New Public Management and the Neo-Weberian State." *Public Organization Review* 7: 345–358.

Durant, Robert & William Resh. 2010. ""Presidentializing" the Bureaucracy." In *OHAB*.

Finer, Herman. 1966. "Administrative Responsibility in Democratic Government." In *Public Administration and Policy: Selected Essays*, ed. Peter Woll.

Flemming, Arthur S. 1953. "The Civil Servant in a Period of Transition." *PAR* 13: 73–79.

Friedrich, Carl. 1966. "Public Policy and the Nature of Administrative Responsibility." In *Public Administration and Policy: Selected Essays*.

Gailmard, Sean. 2009. "Discretion Rather than Rules: Choice of Instruments to Control Bureaucratic Policy Making." *Political Analysis* 17(1) 25–44.

Gailmard, Sean & John Patty. 2007. "Slackers and zealots: Civil service, policy discretion, and bureaucratic expertise." *American Journal of Political Science (AJPS)* 51(4) 873–889.

— 2012. "Formal Models of Bureaucracy." *Annual Review of Political Science* 15(4) 353–377.

— 2013. *Learning while governing: expertise and accountability in the executive branch*. Chicago UP.

Golden, Marissa. 2000. *What motivates bureaucrats?* Columbia UP.

Goodnow, Frank J. 1900. *Politics and Administration: a study in government*. Macmillan.

Heclo, Hugh. 1975. "OMB and the Presidency - the problem of 'neutral competence'." *Public Interest* No. 38: 80–98

Hood, Christopher. 1991. "A Public Management for All Seasons?" *PA* 69: 3–19.

— 2005. "Public management: the word, the movement, the science." In *The Oxford Handbook of Public Management*. ed. E. Ferlie et al.

— 2011. *The blame game*. Princeton UP.

Hood, Christopher & Ruth Dixon. 2015. *A government that worked better and cost less? Evaluating three decades of reform and change in UK central government*. Oxford UP.

Huber, Gregory A. 2007. *The Craft of Bureaucratic Neutrality*. Cambridge UP.

Huber, John & Nolan McCarty. 2004. "Bureaucratic capacity, delegation, and political reform." *APSR* 98(3) 481–494.

Huber, John & Charles Shipan. 2002. *Deliberate Discretion?: The Institutional Foundations of Bureaucratic Autonomy*. Cambridge UP.

James, Coles Kay. 2012. *Biography of an Ideal: A History of the Federal Civil Service*. CreateSpace Independent Publishing Platform.

Johnson, Ronald & Gary Libecap. 1994. *The Federal Civil Service System and the Problem of Bureaucracy: The Economics and Politics of Institutional Change*. Chicago UP.

Kaufman, Herbert. 1956. "Emerging Conflicts in the Doctrines of Public

Administration." *APSR* 50(4) 1057–1073.

—— 1981. "Fear of Bureaucracy: A Raging Pandemic." *PAR* 41(1) 1–9.

Krause, George & Kenneth Meier. (ed.) 2003. *Politics, Policy, and Organizations: Frontiers in the Scientific Study of Bureaucracy*. Michigan UP.

Lewis, David E. 2008. *The Politics of Presidential Appointments: Political Control and Bureaucratic Performance*. Princeton University Press. (=ルイス，デイヴィッド・E.(稲継裕昭監訳)2009『大統領任命の政治学――政治任用の実態と行政への影響』ミネルヴァ書房)

Lynn, Lawrence. 2008/2009. "What is a Neo-Weberian State? Reflections on a Concept and its Implications." *The NISPAcee Journal of Public Administration and Policy*. Vol. 1(2) 17–30.

Maskin, Eric & Jean Tirole. 2004. "The Politician and the Judge: Accountability in Government." *The American Economic Review* 94(4) 1034–1054.

McCarty, Nolan. 2004. "The Appointments Dilemma." *AJPS* 48: 413–428.

Mellows-Facer, Adam, Chole Challender and Paul Evans. 2019. "Select Committees: Agents of Change." *Parliamentary Affairs* Vol. 72: 903–922.

Miewald, Robert. 1984. "The Origins of Wilson's Thought: The German Tradition and the Organic State." In *Politics and Administration: Woodrow Wilson and American Public Administration*, ed. Radin Jack & James Bowman.

Moe, Terry. 1990. "Political Institutions: The Neglected Side of the Story." *Journal of Law, Economic & Organization (JLEO)* 6: 213–254.

Mulgan, Aurelia George 2018. *The Abe Administration and the Rise of the Prime Ministerial Executive*. Routledge.

Nigro, Lloyd & William Richardson. 1990. "Between Citizen and Administrator: Administrative Ethics and PAR." *PAR* 50(6) 623–635.

Niskanen, William. 1971. *Bureaucracy and Representative Government*. Aldine, Atherton.

Nonaka, Naoto. 2020. "Untying the Knot of Japan's Bureaucratic and Diet Dysfunction." Feb. 20. https://www.nippon.com/en/in-depth/d00539/ (Accessed April 10, 2021)

Owen, David & Tracy B. Strong. 2004. *Max Weber: The Vocation Lectures*. Hackett Publishing Company. [→ Weber, Max]

Peters, B. G. & Jon Pierre. 2004. *Politicization of the Civil Service in Comparative Perspective*. London, Routledge.

Pollitt, Christopher & Geert Bouckaert. 2017. *Public Management Reform: Forth edition*. Oxford UP.

Prendergast, Canice. 2003. "The Limits of Bureaucratic Efficiency." *Journal of Political Economy* 111(5) 929–958.

— 2007. "The Motivation and Bias of Bureaucrats." *The American Economic Review* 97(1) 180–196.

Richardson, William D. & Lloyd Nigro. "Administrative Ethics and Founding Thought: Constitutional Correctives, Honor, and Education." *PAR* 47(5) 367–376.

Rourke, Francis E. 1992. "Responsiveness and Neutral Competence in American Bureaucracy." *PAR* 52(6) 539–546.

Sager, Fritz & Christian Rosser. 2009. "Weber, Wilson, and Hegel: Theories of Modern Bureaucracy." *PAR* 69(6) 1136–1147.

Salaman, Graeme. 2005. "Managers and Leaders in the Organization." In *The Values of Bureaucracy*, ed. P. du Gay.

Schmitt, Carl. 1931. *Der Hüter der Verfassung*. Verlag von J. C. B. Mohr (＝シュミット，カール(川北洋太郎訳)1989『憲法の番人』)

Selznick, Philip. 1949. *TVA and the Grass Roots: A Study of Politics and Organization*. California UP.

Shimada, Hiroko Logie. 2021. "The Japanese Civil Service: Paradox of a Reform Driven by but Ignoring Emotion." *Halduskultuur* Vol. 21(2) 64–79.

Spence, David. 2003. "The Benefits of Agency Policy-making: Perspectives from Positive Theory." In (see: ed. Krause & Meier.)

Stephenson, Matthew. 2007. "Bureaucratic decision costs and endogenous agency expertise." *JLEO* 23 (2) 469–498

— 2008. "Optimal Political Control of the Bureaucracy." *Michigan Law Review* 53(1) 53–110.

Stockwin, J. A. A. 2008. *Governing Japan (Fourth edition)*. Blackwell Publishing.

Stockwin, Arthur & Kweku Ampiah. 2017. *Rethinking Japan*. Lexington Books.

Suleiman, Ezra N. 1984. (ed.) *Bureaucrats and Policy Making*. Holmes &

Meier Publishers, Inc.
Suleiman, Ezra. 2003. *Dismantling Democratic States*. Princeton UP.
Thompson, Dennis. 1985. "The Possibility of Administration Ethics." *PAR* 45: 555–561.
Ting, Michael. 2011. "Organizational Capacity." *JLEO* 27(2) 245–271.
—— 2012. "Legislatures, Bureaucracies, and Distributive Spending." *APSR* 106(2) 367–385.
Veit, Sylvia & Simon Scholz. 2016. "Linking administrative career patterns and politicization: signaling effects in the careers of top civil servants in Germany." *International Review of Administrative Science* 82 (3) 516–535.
Waters, Tony. 2018. *Max Weber and the Modern Problem of Discipline*. The Rowman & Littlefield Publishing Group. Inc.
Weber, Max. 1917/1919. *Wissenschaft als Beruf*. J. C. B. Mohr Tübingen. (＝ウェーバー，マックス(尾高邦雄訳)1936『職業としての学問』岩波文庫＝(野口雅弘訳)2018『仕事としての学問・仕事としての政治』13–88. 講談社学術文庫＝trans. by Owen, David & Tracy B. Strong. 2004. *Max Weber: The Vocation Lectures*. 1–31.(再掲))
—— 1919. *Politik als Beruf*. J. C. B. Mohr Tübingen.(＝ヴェーバー，マックス(脇圭平訳・佐々木毅解説)2020『職業としての政治』岩波文庫＝(野口雅弘訳)上記 89–218. =Owen & Strong. 上記 32–94.)
Wilson, Woodrow 1887. "The Study of Administration." *Political Science Quarterly* 2(2) 197–222.
Wood, Dan. 2010. "Agency Theory and the Bureaucracy." In *OHAB*.
Workman, Samuel. 2015. *The dynamics of bureaucracy in the U. S. government: how Congress and federal agencies process information and solve problems.* Cambridge UP.
Workman, Samuel, Bryan Jones & Ashley Jochim. 2010. "Policymaking, Bureaucratic Discretion and Overhead Democracy." In *OHAB*.

嶋田博子

1964年生まれ．1986年京都大学法学部卒，人事院入庁．英オックスフォード大学長期在外研究員(哲学・政治・経済MA)，総務庁(現・総務省)，外務省在ジュネーブ日本政府代表部，人事院事務総局総務課長，同給与局次長，同人材局審議官等を経て，
現在―京都大学公共政策大学院教授(人事政策論)．博士(政策科学)
著書―『政治主導下の官僚の中立性』(2020年慈学社出版)
共著―森園幸男他編『逐条国家公務員法』(2015年学陽書房)，村松岐夫編著『公務員制度改革――米・英・独・仏の動向を踏まえて』(2008年学陽書房) ほか

職業としての官僚　岩波新書(新赤版)1927

2022年5月20日　第1刷発行
2023年8月17日　第2刷発行

著　者　嶋田博子《しまだひろこ》

発行者　坂本政謙

発行所　株式会社 岩波書店
〒101-8002 東京都千代田区一ツ橋2-5-5
案内 03-5210-4000　営業部 03-5210-4111
https://www.iwanami.co.jp/

新書編集部 03-5210-4054
https://www.iwanami.co.jp/sin/

印刷・精興社　カバー・半七印刷　製本・中永製本

ISBN 978-4-00-431927-6　Printed in Japan

岩波新書新赤版一〇〇〇点に際して

ひとつの時代が終わったと言われて久しい。だが、その先にいかなる時代を展望するのか、私たちはその輪郭すら描きえていない。二〇世紀から持ち越した課題の多くは、未だ解決の緒を見つけることのできないままであり、二一世紀が新たに招きよせた問題も少なくない。グローバル資本主義の浸透、憎悪の連鎖、暴力の応酬――世界は混沌として深い不安の只中にある。

現代社会においては変化が常態となり、速さと新しさに絶対的な価値が与えられた。消費社会の深化と情報技術の革命は、種々の境界を無くし、人々の生活やコミュニケーションの様式を根底から変容させてきた。ライフスタイルは多様化し、一面では個人の生き方をそれぞれが選びとる時代が始まっている。同時に、新たな格差が生まれ、様々な次元での亀裂や分断が深まっている。社会や歴史に対する意識が揺らぎ、普遍的な理念に対する根本的な懐疑や、現実を変えることへの無力感がひそかに根を張りつつある。そして生きることに誰もが困難を覚える時代が到来している。

しかし、日常生活のそれぞれの場で、自由と民主主義を獲得し実践することを通じて、私たち自身がそうした閉塞を乗り超え、希望の時代の幕開けを告げてゆくことは不可能ではあるまい。そのために、いま求められていること――それは、個と個の間で開かれた対話を積み重ねながら、人間らしく生きることの条件について一人ひとりが粘り強く思考することではないか。その営みの糧となるものが、教養に外ならないと私たちは考える。歴史とは何か、よく生きるとはいかなることか、世界そして人間はどこへ向かうべきなのか――こうした根源的な問いとの格闘が、文化と知の厚みを作り出し、個人と社会を支える基盤としての教養となった。まさにそのような教養への道案内こそ、岩波新書が創刊以来、追求してきたことである。

岩波新書は、日中戦争下の一九三八年一一月に赤版として創刊された。創刊の辞は、道義の精神に則らない日本の行動を憂慮し、批判的精神と良心的行動の欠如を戒めつつ、現代人の現代的教養を刊行の目的とする、と謳っている。以後、青版、黄版、新赤版と装いを改めながら、合計二五〇〇点余りを世に問うてきた。そして、いままた新赤版が一〇〇〇点を迎えたのを機に、人間の理性と良心への信頼を再確認し、それに裏打ちされた文化を培っていく決意を込めて、新しい装丁のもとに再出発したいと思う。一冊一冊から吹き出す新風が一人でも多くの読者の許に届くこと、そして希望ある時代への想像力を豊かにかき立てることを切に願う。

（二〇〇六年四月）